INTELIGÊNCIA:
PERSPECTIVAS TEÓRICAS

LEANDRO S. ALMEIDA   M. ADELINA GUISANDE

ARISTIDES I. FERREIRA

INTELIGÊNCIA: PERSPECTIVAS TEÓRICAS

INTELIGÊNCIA: PERSPECTIVAS TEÓRICAS

AUTORES
LEANDRO S. ALMEIDA
M. ADELINA GUISANDE
ARISTIDES I. FERREIRA

EDITOR
EDIÇÕES ALMEDINA. SA
Av. Fernão Magalhães, n.º 584, 5.º Andar
3000-174 Coimbra
Tel.: 239 851 904
Fax: 239 851 901
www.almedina.net
editora@almedina.net

PRÉ-IMPRESSÃO | IMPRESSÃO | ACABAMENTO
G.C. GRÁFICA DE COIMBRA, LDA.
Palheira – Assafarge
3001-453 Coimbra
producao@graficadecoimbra.pt

Janeiro, 2009

DEPÓSITO LEGAL
287884/09

Os dados e as opiniões inseridos na presente publicação são da exclusiva responsabilidade do(s) seu(s) autor(es).

Toda a reprodução desta obra, por fotocópia ou outro qualquer processo, sem prévia autorização escrita do Editor, é ilícita e passível de procedimento judicial contra o infractor.

Biblioteca Nacional de Portugal – Catalogação na Publicação

ALMEIDA, Leandro da Silva, e outros

Inteligência : perspectivas teóricas / Leandro S. Almeida, M. Adelina Guisande, Aristides I. Ferreira
ISBN 978-972-40-3631-1

I - GUISANDE, M. Adelina
II - FERREIRA, Aristides

CDU   159.9
           316
           612

INTRODUÇÃO

Antes do nascimento da Psicologia Científica, vários filósofos e pensadores se questionaram sobre a definição da inteligência, a sua avaliação e as razões da sua diferenciação nos indivíduos. Numa síntese dos pensadores gregos até aos finais do século passado, Richardson (1991) sistematiza algumas ideias a propósito das características da inteligência nesse longo período de tempo: força ou poder mental, aptidão para pensar abstractamente, aptidão para pensar, raciocinar ou apreender relações, capacidade de bom senso ou julgamento, ou aptidão para formar associações complexas. Facilmente reconheceremos que estas características permanecem actuais, mesmo podendo hoje aparecer melhor descritas em termos de funções mentais e de comportamento de realização.

Tomando dois dos autores que iniciaram o estudo da inteligência no seio da Psicologia, verificamos que o conceito de inteligência aparece definido como "força ou poder mental" (Galton, 1869) ou como "capacidade de apreender relações" (Spearman, 1904). Esta referência à história do conhecimento permite-nos, falando em definição da inteligência, ponderar de imediato dois aspectos. Em primeiro lugar, a inteligência não é uma preocupação do presente, havendo esboços das definições e das controvérsias actuais ao longo de mais de um século do estudo da inteligência. Em segundo lugar, e assim sendo, importa reconhecer as dificuldades em se produzir conhecimento consensual, requerendo grande ponderação aquando da passagem dos resultados da investigação para a prática, nomeadamente quando daí decorrem implicações individuais e sociais diversas. Tais implicações e controvérsia associada, tornaram a inteligência num dos campos de maior volume de investigação na Psicologia, bem como aquele que suscitou mais debates na opinião pública.

O termo "inteligência" é utilizado com demasiada frequência sem nos interrogarmos suficientemente quanto ao seu real significado. Em relação ao conceito, podemos concordar com Jensen (1969) ao afirmar que *"intelligence, like electricity, is easier to measures than to define"*, ou, nas palavras da Anastasi (1986, p. 5), *"the term intelligence has acquired too many excess meaning that obfuscate its nature"*. Em consequência, trata-se de um conceito ou construto que não desfruta de consenso, aliás polimorfo no seu significado (Sternberg, 2000a). Mesmo assim, se pensarmos nas diferentes características humanas, a inteligência reporta-se às suas capacidades e habilidades. Howe (1997) afirma que *"being intelligent matters; it makes a big difference to human lives"* (p. 1) ou, por outras palavras, os indivíduos diferenciam-se na sua capacidade para realizar tarefas intelectualmente exigentes e isso pode fazer a diferença.

O estudo da inteligência acompanha a história da psicologia como uma das dimensões mais investigadas na explicação do comportamento humano, sendo certo que as preocupações com a avaliação das capacidades humanas poderão ter acompanhado a história da humanidade a partir do momento em que esta procura os mais capazes ou os mais adequados para as diferentes funções da vida social (Oakland, 1999). Em consequência, as questões da definição, avaliação e desenvolvimento da inteligência mereceram – e continuam a merecer – grande espaço na investigação psicológica. A resolução de problemas, o rendimento ou a adaptação dos indivíduos requerem, em alguma medida, determinados níveis ou habilidades cognitivas. Mesmo não se defendendo uma relação linear e causal entre cognição e rendimento académico, profissional ou social, certo que as dimensões cognitivas são importantes na explicação das diferenças individuais de desempenho (Almeida, 1996). É compreensível, assim, que a inteligência seja um dos assuntos mais estudados na Psicologia (32.758 artigos registados na *PsycINFO* da Associação Americana de Psicologia contendo no título *Intelligence*, *Intelectual* ou *Ability*; acesso feito em 10 de Fevereiro de 2008).

Estes números (e importa acrescentar que, mesmo tratando-se da base de dados mais abrangente da produção bibliográfica em Psicologia, está longe de abarcar toda a produção nesta área), ilustram seguramente que a "inteligência" não é apenas um assunto importante como também um assunto polémico e pouco consensual entre os psicólogos, sobretudo os investigadores (Richardson, 2002; Sternberg, 2000a).

Como em qualquer outro manual dedicado à inteligência, este livro refere a multiplicidade de leituras que alimentam a controvérsia em torno deste construto. Assim, apresentamos a diversidade de concepções, apontando discrepâncias e convergências entre elas, fazendo acreditar que, no limite, a diversidade de opiniões decorre mais da aparência e do enfoque de cada autor, do que da essência dos fenómenos em estudo (Richardson, 1991). Alguma ambiguidade do conceito decorre da própria animosidade entre os autores, ou seja, "o termo inteligência tem a rara qualidade de unir em si uma relativa obscuridade conceptual com uma elevada tonalidade emocional" (Burgaleta, 1989, p. 9). Não sendo um constructo de observação directa, como em relação a outros constructos psicológicos internos, a inteligência é mais definida pelos seus efeitos nos comportamentos, sendo a sua presença e avaliação meramente inferidas. Por outro lado, para além de uma inteligência identificada com as funções mentais internas, parece haver lugar para uma inteligência mais prática e contextualizada associada ao sucesso e desempenho superior (Sternberg, 2005).

Vários esforços conjuntos têm sido ciclicamente organizados buscando algum consenso a propósito de "o que é a inteligência". Referimo-nos, por exemplo, à consulta realizada pelo *Journal of Educational Psychology* (1921), ao congresso de Pittsburgh com esse objectivo (Resnick, 1976) ou ao levantamento de definições efectuado por Sternberg e Detterman (1986). A maior divergência entre os autores passa pelo debate entre os que defendem ser a inteligência um atributo inerente à estrutura neurológica e, como tal, uma característica interna da mente (Eysenck, 1987), e os que a vêem como aprendizagem e um atributo do comportamento (Howe, 1988; Valsiner, 1984). Ao contrário da primeira, tida como uma abordagem mais tradicional, esta última tem granjeado maior apoio presentemente. Assim sendo, a inteligência não pode ser pensada como uma entidade interna ao organismo mas mais como uma qualidade do comportamento (Anastasi & Urbina, 2000), o que em nossa opinião vai também no sentido daqueles que, desde bem cedo, associaram a inteligência ao comportamento adaptativo do indivíduo.

Para esta diversidade de posturas, e em parte desorientação, contribuiu muito os referenciais assumidos pelos diversos autores e a pouca preocupação que demonstraram em se aproximarem conceptualmente uns dos outros. Tão-pouco parece ter havido uma preocupação com a apresentação clara dos seus pontos de partida. Howard (1993), associando a heterogeneidade de posições à falta de precisão, aponta três conceitos frequentemente associados com inteligência para ilustrar como os autores se podem reportar a coisas diferentes falando de inteligência, ou como podem assumir posições divergentes embora reportados a um mesmo conceito. Os três conceitos, por si enunciados como mais frequentes nas teorias são: (i) a inteligência como *factor g* (podendo este conceito ser assumido de um modo mais biológico, mais psicológico ou, ainda, mais matemático, mas certo que se mantém actual um século após a sua identificação – Lubinski, 2004); (ii) a inteligência como propriedade do comportamento, nomeadamente o comportamento adaptativo (aqui inteligência pode ser mais um adjectivo que um *substantivo*, mais uma designação do que uma propriedade); e (iii) a inteligência como um conjunto de aptidões (e aqui uns incluem e outros não as aptidões ligadas ao conhecimento).

No mesmo sentido, Eysenck (1988) menciona três concepções, em parte distintas e, em parte, sobreponíveis sobre inteligência. Em primeiro lugar, poder-se-ia falar numa inteligência biológica (próxima da teoria de Galton, ou a inteligência reportada à estrutura e fisiologia do cérebro, aos aspectos bioquímicos e genéticos) e que, segundo ele, seria a mais fundamental e a mais pura de todas, ou seja, a menos afectada pelos factores sociais. A avaliação desta inteligência seria mais facilmente conseguida através dos registos electroencefalográficos (EEGs), dos potenciais evocados, da resposta galvânica da pele ou de alguns tempos de reacção. Em segundo lugar, ter-se-ia a inteligência psicométrica ou o QI, em larga medida determinada pela inteligência biológica, mas incluindo igualmente a influência dos factores culturais, contextos familiares, estatuto sócio-económico, educação e outros factores contextuais. Finalmente, ter-se-ia a inteligência social, ou seja a aplicação pelos indivíduos das duas inteligências anteriores aos problemas e situações quotidianas. Aqui, a par de factores cognitivos, outros não cognitivos (saúde, interesses, nutrição, estratégias, personalidade, educação...) têm alguma importância para a explicação do tipo e nível de desempenho dos sujeitos. Para Eysenck, a resolução da controvérsia apontada não está em metermos tudo num único saco pois isso dificulta o entendimento entre os autores.

Para uma melhor sistematização dos contributos teóricos em torno da definição de inteligência, este livro considera as teorias e autores da abordagem psicométrica (capítulo 1), da abordagem desenvolvimentista (capítulo 2), da abordagem cognitivista (capítulo 3) e, no capítulo 4, um conjunto de teorias mais recentes e tidas como mais abrangentes ou tomando na definição da inteligência aspectos não exclusivamente *intelectivos*. Se na abordagem psicométrica a questão central se prende com as aptidões ou traços estruturantes da inteligência, e em particular com a sua avaliação, na abordagem desenvolvimentista a questão central prende-se com as formas (estádios) que a inteligência vai assumindo ao longo do desenvolvimento, sobretudo na infância e na adolescência. Por sua vez, a abordagem cognitivista centra-se nos processos, nas estratégias ou nos elementos funcionais e operativos que tornam possível o "acto inteligente". Trata-se, pois, de uma abordagem mais voltada para as componentes e metacomponentes que descrevem o pensamento, a cognição e a resolução de problemas, ou seja, os processos implicados na codificação da informação *(input)*, no seu tratamento *(treatment)* e na elaboração da resposta *(output)*. Estes últimos aspectos, ainda mais contextualizados às situações de aprendizagem e de realização, estão igualmente presentes nas teorias abrangentes, e mais actuais, com que encerramos este livro.

A terminar, com este livro pretendemos ilustrar a relevância social e psicológica do conceito da inteligência, acreditando que só essa relevância justifica os esforços continuados da investigação em prol da sua melhor definição, avaliação e promoção. Em boa medida, a constatação e a compreensão das diferenças humanas nas habilidades cognitivas justificam as diversas teorias disponíveis (Almeida & Buela-Casal, 1997). Não havendo consensos a propósito da definição, espera-se que este livro estimule uma compreensão das diferentes orientações e posicionamentos teóricos, cabendo a cada leitor chegar à sua síntese pessoal nesta matéria. Por último, centrando este livro no *que é* a inteligência, deixaremos para publicações futuras as questões do *como se avalia* e *como se promove*.

CAPÍTULO 1
ABORDAGEM PSICOMÉTRICA

Introdução

A perspectiva mais clássica de estudo da inteligência tem sido definida por abordagem psicométrica, também dita factorial ou diferencial. Sucintamente, as diferenças individuais nas habilidades cognitivas fazem-nos investigar os factores internos da mente responsáveis por tal diferenciação e acredita-se que testes devidamente validados poderão melhor identificar e avaliar tais factores internos e explicar as próprias diferenças individuais. A interdependência tautológica dos três elementos (diferenças na realização, factores internos e testes) é frequentemente apontada como uma das principais fragilidades desta abordagem, ou seja, demasiado assente na "inferência" e pouco "testada" experimentalmente.

A abordagem factorial inclui diversas concepções teóricas em torno da definição da inteligência, todas elas de um modo geral tendo implicações directas nas formas propostas para a sua avaliação. A larga maioria dos testes de inteligência disponíveis e usados, no presente, suportam-se nesta abordagem da inteligência. Aqui, inteligência significa capacidade ou aptidão mental, podendo essa capacidade traduzir-se num potencial heterogéneo mas coerente de funções mentais (por exemplo, QI ou Quociente de Inteligência), numa capacidade geral de aprender significados e de estabelecer e aplicar relações nas mais diversas situações de desempenho (*factor g*) ou numa diversidade de aptidões ou funções cognitivas diferenciadas, podendo estas serem entendidas como autónomas entre si ou, então, correlacionadas e interdependentes segundo níveis hierárquicos de maior ou menor generalização.

Assim, neste capítulo, descrevemos as teorias compósitas da inteligência, avançando de seguida para as concepções mais tipicamente factoriais. Aqui dedicaremos espaço aos autores que propõem a inteligência como *factor g* por oposição aos defensores de uma concepção multifacetada da estrutura da inteligência na base de diferentes aptidões. Nesse particular, será dado algum destaque às teorias hierárquicas da inteligência, com especial enfoque no modelo CHC, o qual resulta da integração das teorias de Cattell, Horn e Carroll.

Teorias compósitas

Podemos assumir as "teorias compósitas" da inteligência como uma das concepções simultaneamente mais antigas e actuais na Psicologia. Estas teorias entendem a inteligência como uma amálgama de funções mentais que operam na adaptação e na resolução de problemas por parte do sujeito (Almeida, 1988a). Trata-se, assim, de uma concepção muito associada à aprendizagem e à realização dos indivíduos, e às tarefas do seu quotidiano, advindo daí um certo valor intuitivo dos seus conceitos e dos instrumentos de avaliação delas decorrentes para a prática psicológica.

Para o seu fundador, Alfred Binet (e.g., Binet, 1910, p. 118), a inteligência pressupõe uma "acção intencional, envolvendo compreensão, invenção, direcção e crítica". Perante um problema específico, o sujeito mostra que é inteligente ao compreender de que trata o problema, a sua natureza e as condições para a sua realização. A resolução pressupõe que o sujeito *compreenda* o problema, *invente* uma ou mais alternativas, tenha em mente o fim ou a *direcção* a seguir ao longo das tentativas, reais ou mentais, e, *avalie* os seus processos e os seus resultados, assegurando uma ligação entre os meios utilizados e o objectivo a atingir. Estamos face a uma inteligência entendida como entidade global e unitária, ou, como afirma Tuddenham (1962), um produto de muitas aptidões.

Esta concepção da inteligência como um composto harmónico de múltiplas e diferentes funções parece-nos bastante intuitiva, salientando as habilidades do sujeito e as exigências cognitivas das próprias situações nos níveis de realização atingidos. Decorre desta interacção a ideia de "Idade Mental" (IM), ou seja, o nível de habilidade e de desenvolvimento cognitivo do sujeito que aparece calculada a partir da versão de 1908 da

Escala de Inteligência Binet-Simon, em que os itens surgem agrupados por idades. O seu significado psicológico decorre do grau de sincronia entre as tarefas realizadas com êxito e a classificação dessas mesmas tarefas em níveis etários decorrente das exigências cognitivas colocadas. Por exemplo, se esperamos que aos quatro anos a criança consegue repetir três dígitos numéricos acabados de ouvir, na adolescência espera-se que esse número suba a sete unidades.

O cálculo da "IM" é feito adicionando à Idade de Base (idade do agrupamento etário de itens que o sujeito consegue realizar na íntegra) as bonificações em meses correspondentes a itens agrupados em idades posteriores que o sujeito consegue realizar. Esta possibilidade do sujeito poder realizar itens pertencentes a idades superiores à "Idade de Base" alerta-nos para a importância das funções e conteúdos envolvidos nas tarefas da escala. Podendo isso traduzir discrepâncias nos níveis de destreza, então podemos aceitar que este "compósito" combina habilidades cognitivas diversas, sem colocar em causa o índice global obtido (nível de habilidade ou de desenvolvimento intelectual do sujeito).

Na linha de Binet, David Wechsler entende a inteligência como uma entidade global ou um quociente unitário de capacidade, mesmo que estimado a partir da heterogeneidade de funções avaliadas. Assim, define operacionalmente inteligência, como um "agregado ou capacidade global do indivíduo para agir propositadamente, pensar racionalmente e lidar de forma efectiva com o seu meio ambiente" (Wechsler, 1958, p. 7). Essa heterogeneidade não vai no sentido da independência ou autonomia de tais funções (elevados coeficientes de correlação entre elas), isto é, a inteligência é composta por habilidades que, mesmo não perfeitamente independentes, se apresentam qualitativamente diferenciáveis (Wechsler, 1958).

Esta leitura da inteligência, simultaneamente unitária e globalizante, é responsável na Psicologia pela produção de provas com algumas especificidades para a sua avaliação. Em 1905, por solicitação do Ministério Francês da Instrução Pública, interessado no despiste das crianças com dificuldades de aprendizagem devido a *déficites* intelectuais, Binet elaborou com Theodore Simon a primeira escala métrica da inteligência (*Escala de Inteligência Binet-Simon*, 1905). A Escala integra tarefas abarcando diversas funções cognitivas, tais como a atenção, coordenação motora, percepção, memória, raciocínio, compreensão verbal ou imaginação, para além de outros itens mais voltados para habilidades de cálculo ou espaciais, havendo a preocupação de não se afastarem das situações do dia-a-dia das crianças.

O conceito de Quociente de Inteligência (QI)

Uma das formas porque as escalas de inteligência assentes nas "teorias compósitas" se mantêm actuais, passa por permitirem o cálculo do Quociente de Inteligência (QI) do indivíduo. Esta forma de explicitar a capacidade intelectual dos sujeitos é bem tradicional na Psicologia, e facilmente entendida pela generalidade dos demais profissionais e do público em geral.

O conceito de Idade Mental seria suficiente para Binet descrever a habilidade cognitiva de uma criança. Este conceito permitia alguma quantificação, mas sobretudo alguma apreciação qualitativa do funcionamento cognitivo da criança numa perspectiva do seu desenvolvimento e aprendizagem. Mais tarde, Stern (1912) utiliza a Idade Mental para o cálculo do Quociente de Inteligência através de uma fórmula simples: IM/IC x 100 (ou seja, a razão da Idade Mental pela Idade Cronológica multiplicada por 100 para se evitar a necessidade de números negativos e decimais). Dada a fórmula de cálculo, estamos face a um *QI de razão*. Wechsler nas suas escalas passa a recorrer ao cálculo do QI através das médias e dos desvios-padrão dos resultados de acordo com os grupos etários *(QI de desvio)*.

Como se poderá depreender pela primeira fórmula apresentada, quando coincidem os valores da Idade Mental e da Idade Cronológica dir-se-ia que a criança está na respectiva idade, nem avançada nem atrasada, estipulando-se o valor de 100 pontos para a média nas escalas de QI – aspecto que se mantem até aos nossos dias (Quadro 1.1). Os níveis de QI podem agrupar-se em categorias, assumindo a Organização Mundial de Saúde (World Health Organization, 2007), ainda, uma subdivisão para a deficiência. Assim, valores entre 50 e 69 são registados como Deficiência Ligeira, entre 35-49 Deficiência Moderada, entre 20 e 34 Deficiência Severa e, por último, índices de QI com valores inferiores a 20 correspondem a uma classificação de Deficiência Profunda.

Quadro 1.1 – Classificação dos QIs e percentagem teórica de casos

QIs	Classificação	% casos
Igual ou superior a 130	Muito superior	2,2
120-129	Superior	6,7
110-119	Média superior	16,1
90-109	Média	5,0
80-89	Média inferior	16,1
70-79	Limite (boderline)	6,7
Igual ou inferior a 69	Atraso Mental	2,2

As Escalas de Inteligência de Wechsler são dos testes mais usados internacionalmente na avaliação da inteligência (Oakland & Hu, 1993). Três versões foram construídas de acordo com a idade dos sujeitos: adultos (WAIS), crianças (WISC) e primeira infância ou pré-escolar (WPPSI). A estrutura de qualquer uma das três escalas é similar. Por exemplo, elas estão organizadas por uma parte verbal, constituída por testes apelando a capacidades verbais, abstractas, numéricas e de memória auditiva, e por uma parte de realização, formada por testes envolvendo a percepção de formas, o raciocínio concreto, a organização espacial, a manipulação ou a velocidade perceptiva. A tomada do primeiro agrupamento de testes permite o cálculo de um QI verbal, o segundo permite o cálculo de um QI de realização, havendo ainda o QI global decorrente dos dois conjuntos. No Quadro 1.2 descrevem-se as provas verbais e de realização (não verbais) da WAIS, na sua primeira versão, e que serve para exemplificar o tipo de funções cognitivas e de itens em presença nas outras duas escalas de Wechsler.

Quadro 1.2 – Escala de Inteligência de Wechsler para Adultos
(WAIS Wechsler, 1939)

Provas	Descrição, funções cognitivas e tipo de itens

Provas verbais

Informação: Aquisição, retenção e evocação de informações culturais, ditas gerais, aprendidas no seio da escola ou como membro de um certo grupo sócio-cultural; atenção aos acontecimentos, curiosidade e memória a longo prazo.
Exemplo: *Como se chamava o primeiro homem que poisou na lua?*
Compreensão: Capacidade de compreensão e de análise de situações práticas e quotidianas. Avaliação das habilidades adaptativas, dos conhecimentos concretos, do senso comum e do julgamento social do indivíduo.
Exemplo: *Porque se deve participar à polícia quando somos roubados?*
Aritmética: Efectuar pequenos cálculos de uma forma rápida e precisa (raciocínio numérico), com forte apelo às capacidades de concentração e estado de alerta do indivíduo.
Exemplo: *Quantos dias gastam dois pintores a pintar uma parede, sabendo-se que seis pintores gastariam um dia?*
Semelhanças: Capacidade de formação e de associação de conceitos, e de inferir relações lógicas entre termos (raciocínio lógico-abstracto), nomeadamente tomando as suas propriedades comuns.
Exemplo: *Em que são semelhantes o garfo e a colher?*
Vocabulário: Avaliação da inteligência verbal através do conhecimento vocabular do indivíduo. A prova está associada à escolaridade do indivíduo.
Exemplo: *O que significa compadrio?*
Memória de dígitos: Capacidade de reter e evocar de imediato informações simples sob a forma de dígitos, na ordem directa ou inversa da sua apresentação. A prova requer níveis elevados de atenção e concentração.
Exemplo: *Repetir uma sequência de números progressivamente maior.*

Provas de realização

Código: Aptidão perceptiva ou destreza do indivíduo em discriminar e reproduzir de uma forma rápida e precisa figuras simples (traços), envolvendo velocidade e coordenação visuo-motora, flexibilidade e aprendizagem associativa face a material simples e não familiar.
Exemplo: *Associar a números um determinado símbolo que se convencionou (código).*
Completamento de gravuras: Capacidade discriminativa do indivíduo através da identificação dos elementos em falta numa gravura ou objecto familiar. Avalia igualmente a acuidade visual, o sentido prático e o contacto com a realidade, para além da atenção aos detalhes.
Exemplo: *Assinalar a falta da arma num polícia fardado.*

> ***Ordenação de gravuras***: Compreensão de relações espaço-temporais entre os elementos de uma figura ou situação, cujas partes devem ser sequencializadas. Capacidade de compreensão de situações interpessoais, atenção ao significado da situação global e sua segmentação, habilidade para antecipar consequências e para organizar sequências de acção.
> Exemplo: *Ordenar vinhetas de uma história.*
> ***Puzzles***: Coordenação e organização visuo-motora do desempenho guiado pela percepção global (síntese) de uma tarefa, imagem ou situação. Aptidão perceptiva de elementos soltos e velocidade manipulativa.
> Exemplo: *Reconstruir uma gravura a partir de elementos soltos (puzzle).*
> ***Cubos***: Capacidade de percepção e reprodução de formas envolvendo pensamento indutivo e dedutivo. Aptidão espacial do indivíduo, formação de conceitos não-verbais, e capacidade de coordenação visuo-motora, envolvendo ainda concentração, esforço prolongado e velocidade perceptiva e manipulativa.
> Exemplo: *Reproduzir um esquema figurativo através da montagem de cubos com faces coloridas.*

Esta divisão entre provas verbais e provas de realização (também designadas por "provas não-verbais") não significa independência mútua. As provas tendem a ser moderadamente correlacionadas entre si, nem sempre permitindo na análise factorial dos seus resultados replicar os factores associados a cada um dos QIs calculados. Mesmo assim, alguns dados empíricos foram legitimando essa divisão dos subtestes de acordo com o conteúdo usado nos seus itens, havendo inclusive algum aproveitamento para a prática psicológica dessa distinção, em termos de áreas mais fortes e mais frágeis, ao nível do diagnóstico das habilidades intelectuais dos sujeitos.

Teorias factoriais

A teoria factorial da inteligência abarca os investigadores que entendem a inteligência como um traço ou aptidão simples ou então formada por diversos factores, traços ou aptidões mentais. O grande debate, aqui, prende-se com a possibilidade de podermos explicar a variância dos desempenhos em tarefas do quotidiano e nos testes de inteligência através de um único factor ou se, em alternativa, temos que recorrer a vários factores. No âmago deste debate, a análise factorial instituiu-se como a ferramenta por excelência dos investigadores na tarefa de identificar, agrupar e definir as diferentes aptidões (Anastasi, 1990). Infelizmente, tratando-se sobretudo de uma ferramenta inferencial e exploratória de dados, e sendo uma técnica estatística e não psicológica de análise, possibilitou demasiadas teorias alternativas para a explicação dos mesmos dados.

Estas teorias contrapõem-se entre as mais defensoras de um factor geral (*factor g*) como entidade simples e suficiente para descrever a inteligência, até à posição contrária dos autores que assumem uma mente humana constituída por diversas aptidões distintas e independentes. Spearman (1927) defende a primeira posição, enquanto Thurstone (1938) e Guilford (1959) são os dois nomes mais mencionados na defesa da segunda. Uma posição conciliatória do diferendo factor geral/factores de grupo foi defendida por Vernon (1965) e por Cattell (1971). Com efeito, parece ser possível aceitar que as aptidões mentais se apresentam interrelacionadas (Jensen, 1981, 1985; Tyler, 1981). Mesmo os resultados em testes de aptidões, supostamente diferenciadas, apresentam-se correlacionados positivamente sugerindo a existência de um factor geral de desempenho.

Todas estas posições explicativas, assentes em análises factoriais de resultados, não podem extrapolar demasiado quanto ao significado dos factores identificados. Por exemplo, não devem correr o risco de pretender passar de uma explicação estatística à *reificação* de tais factores (Gould, 1991). Os factores identificados, nomeadamente nas abordagens multifactoriais da inteligência, podem ser artefactos estatísticos e não variáveis psicológicas detentoras de realidade própria. Esta é, aliás, a principal razão para que diferentes soluções factoriais possam ser igualmente defendidas para o mesmo conjunto de dados, ou para que dados em diferentes provas e amostras possibilitem estruturas e factores distintos (Almeida, 1988a; Bynner & Romney, 1986; Richardson & Bynner, 1984). O próprio *factor g*, que temos vindo a defender como possuindo uma significação psicológica própria (Almeida, 1986a, 1988a), poderá decorrer de outros aspectos específicos da realização das tarefas cognitivas como, por exemplo, a velocidade subjacente às diversas tarefas, as habilidades de atenção e concentração ou o envolvimento e ritmo de trabalho por parte dos sujeitos. Citando Richardson, importa acautelar em que medida estaremos "estudando a 'estrutura' da inteligência ou a estrutura dos resultados dos testes de inteligência" ou, quando complementa a sua ideia, dizendo que as estruturas factoriais dos seus lados "não possuem uma realidade mais tangível do que os factores em si mesmos" (Richardson, 1991, p. 43). É fundamental cuidar do suporte psicológico das variáveis ou dimensões cognitivas que se consideram na investigação e prática psicológicas, inclusive do factor geral mais universalmente aceite.

Teoria do Factor g

A primeira teoria de inteligência baseada na análise estatística dos resultados nos testes é a teoria de Charles Spearman (1904, 1927). De acordo com Spearman, a inteligência poderia ser definida através de um factor simples (*factor g*) subjacente a todo o tipo de actividade intelectual e responsável pela maior parte da variância encontrada nos testes. Ao mesmo tempo, em cada tarefa existiria um factor específico (*factor s*) e não generalizável às diferentes tarefas (Almeida, 1988a, 1988b; Almeida & Buela-Casal, 1997; Ribeiro, 1998; Sternberg, 1991a).

Spearman postulava que o *factor g* e os factores *s* tinham origem distinta. O factor geral dependeria de uma energia mental essencialmente inata, enquanto os factores específicos dependiam da aprendizagem, sendo treináveis e activados pelo *factor g* (Almeida, 1988a; Ribeiro, 1998). Como todas as actividades intelectuais partilhariam um único factor comum (*g*), e os factores específicos seriam singulares de cada actividade, atribuia-se a correlação positiva entre dois desempenhos ao factor geral. Ao mesmo tempo, quanto mais duas actividades estivessem saturadas em *g*, maior seria a correlação encontrada entre elas, ocorrendo a situação inversa no caso dessas aptidões serem mais específicas.

A definição operacional do *factor g* foi feita através de três leis de construção do conhecimento: (i) a apreensão de experiências: "Uma pessoa tem uma capacidade maior ou menor de observar o que vai na sua própria mente. Não somente sente, como sabe que sente; não só se esforça, como sabe que se esforça; não só conhece, como sabe que conhece"; (ii) a edução de relações: "Quando uma pessoa tem na mente duas ou mais ideias (usando-se este termo para incluir quaisquer itens de conteúdo mental, quer percebido quer pensado), possui uma capacidade maior ou menor para trazer à mente quaisquer relações que possam existir entre elas"; e (iii) a edução de correlatos: "Quando uma pessoa tem na mente uma ideia e uma relação, ela possui uma capacidade maior ou menor de trazer à mente a ideia correlacionada" (Almeida, 1988a, pp. 41-42). Os indivíduos não apresentam todos a mesma facilidade de desempenho nestas três operações, facto que permite inferir as suas diferenças de inteligência geral.

Os defensores do factor geral (*factor g* ou, simplesmente, *g*) seguem a linha conceptual de Spearman (1904, 1927). Para uns trata-se de um factor de índole fisiológica, emergindo *g* como "energia mental", para outros autores *g* define-se pelos processos de apreensão de significados, de relações e de correlatos. No primeiro grupo descreve-se *g* através dos conceitos de "eficiência neurológica" (Eysenck, 1988) ou de "velocidade mental" (Jensen, 1987). No segundo, retoma-se uma definição mais próxima das componentes de processamento da informação (Sternberg, 1985). Claro está que, ainda para outros, *g* mais não significa que as intercorrelações estatísticas tomando os resultados em diferentes testes (Howard, 1993). De qualquer modo, tendencialmente *g* está presente na realização de tarefas como a aquisição de informação, realização escolar, abstracções elevadas e muitos outros desafios encontrados nas mais diversas provas de avaliação psicológica (Lubinski, 2004).

Independentemente da pluralidade de significados, o *factor g* permanece alvo de interesse por parte dos investigadores e práticos da Psicologia. Jensen (1985) sistematiza algumas das razões que justificam esta permanência no tempo: (i) as correlações dos resultados em diferentes testes de aptidão são, por norma, positivas e estatisticamente significativas, apontando para uma dimensão subjacente comum; (ii) as dificuldades dos autores em construir testes específicos para a avaliação das aptidões diferenciadas; e, (iii) a verificação de correlações entre os factores de 2ª ordem retirados de análises factoriais de resultados em grupos de testes avaliando aptidões diferenciadas.

A avaliação deste factor geral requer, em consonância, testes fortemente saturados em *g*. Neste sentido, dever-se-ia evitar conteúdos nos itens que se reportassem aos conhecimentos e experiências escolares dos indivíduos, ou que enfatizassem funções cognitivas muito específicas, por exemplo a percepção e a memória. A edução de relações e de correlatos seria melhor avaliada através de itens envolvendo o raciocínio indutivo e dedutivo, por exemplo. Assim sendo, ainda hoje os testes de inteligência voltados para a avaliação do *factor g* enfatizam um conteúdo figurativo-abstracto dos itens, a novidade da tarefa e a centração nos processos de raciocínio. Referimo-nos, a título de exemplo, ao teste das Matrizes Progressivas de Raven, ao teste D48 ou ao teste de Cattell.

Em breve síntese, as práticas instituídas de avaliação da inteligência e a investigação na área atestam a importância do *factor g* na definição e descrição da inteligência. Um século de investigação sobre inteligência parece destacar que o *factor g* ocupa o vértice de uma estrutura hierárquica das aptidões humanas (Lubinski, 2004). Assim, as análises factoriais tendem a apontar, para além do factor geral, factores associados ao conteúdo mais verbal-linguístico e visual-espacial das tarefas (Ferreira, Almeida, & Prieto, 2008; Kaufman, 1982; Lynn, 1978). Estes factores cognitivos parecem decorrer quer dos conteúdos das tarefas (material verbal, numérico, figurativo, espacial), quer das operações mentais envolvidas (compreensão, memória, raciocínio), quer, ainda, doutros elementos comuns às tarefas como o seu formato e procedimentos de realização (velocidade exigida, dificuldade crescente dos itens, escolha múltipla das respostas) (Almeida, 1986a; Vernon, 1965). Também por isto se defende que o *factor g* é melhor avaliado através de tarefas envolvendo os processos cognitivos ditos superiores (complementares aos processos associativos ligados à percepção, ao reconhecimento ou à evocação imediata). Na linha de Jensen (1971) quando nos fala de um nível I, de índole mais associativa, e de um nível II na inteligência de índole conceptual, o *factor g* assume-se como melhor avaliado através deste segundo nível, ou seja, recorrendo-se a tarefas envolvendo a compreensão, classificação ou raciocínio.

Teoria das aptidões

Ao contrário da corrente dominante na Europa com os trabalhos de Spearman, alguns psicólogos americanos defendiam a inteligência como uma constelação de diferentes habilidades, um pouco no sentido da perspectiva polimorfa de Binet (Richardson, 1991). Neste caso concreto, a proposta é a defesa não de uma, mas de várias aptidões diversas na sua natureza e relativamente independentes entre si. Como veremos, para uns autores estas várias aptidões não se interligam, enquanto outros não propõem a sua total autonomia, aceitando antes uma organização em cadeia hierárquica de acordo com os níveis de generalidade ou de especificidade.

Em 1931, Thurstone postula a existência de um determinado número de aptidões primárias independentes entre si, e que explicariam o desempenho intelectual dos sujeitos (Almeida & Buela-Casal, 1997). Mais tarde, defende que o factor geral é um artefacto estatístico que descreve a estrutura da inteligência de uma forma muito pobre e nem sempre observável, como aliás ocorreu no estudo em que aplicou 56 testes a uma amostra de estudantes universitários (Thurstone, 1938). Avança então com a ideia de que a inteligência é melhor entendida como um conjunto de habilidades mentais primárias, isto é, por um conjunto de sete factores independentes entre si: V – compreensão verbal, W – fluência verbal, N – aptidão numérica, S – aptidão espacial, R – raciocínio, P – velocidade perceptiva e M – habilidade de memória. Por curiosidade, importa referir que o autor inicia por um modelo de nove factores (Almeida, 1988a; Brody & Brody, 1976; Horn & Noll, 1994), passando a sete pelo facto de três deles não serem suficientemente diferenciados (R – raciocínio aritmético, I – indução e D – dedução, os quais viriam a ser integrados no factor R – raciocínio).

No Quadro 1.3 fazemos uma descrição mais pormenorizada dos factores primários identificados por Thurstone, exemplificando também tipologias de itens utilizados na sua avaliação (Almeida, 1988a).

Quadro 1.3 – Descrição dos factores primários identificados por Thurstone
(Almeida, 1988a, p. 50)

Factor	Caracterização do factor	Tipo de itens que lhe são associados
Espacial (S)	Capacidade de visualização de objectos num espaço bi- ou tri-dimensional. De uma maneira geral são itens figurativos.	De uma maneira geral, são itens compostos por desenhos e figuras geométricas simples que rodam em várias direcções ou podem assumir diferentes formas conforme a perspectiva em que são observados.
Velocidade perceptiva (P)	Capacidade de, rapidamente e com acuidade, visualizar pequenas diferenças ou semelhanças entre um grupo de figuras.	Os itens compõem-se de um grupo de três ou mais figuras, cabendo ao sujeito a tarefa de encontrar uma figura diferente das restantes, ou então duas iguais. Geralmente, são medidas simultâneas da velocidade e da acuidade na realização cognitiva.
Numérico (N)	Capacidade de lidar com números e de efectuar rapidamente operações aritméticas simples.	Uma prova deste grupo pode constar de itens representando cálculos já efectuados de forma exacta ou inexacta, cabendo ao sujeito a tarefa de assinalar as correctas. Noutras provas, cabe ao sujeito efectuar os cálculos.
Compreensão verbal (V)	Capacidade de compreensão de ideias expressas através de palavras.	Um exemplo de item consistiria no assinalar, de entre um conjunto de palavras, uma que correspondesse a um sinónimo, para uma palavra apresentada. A par de sinónimos recorre-se, frequentemente, a antónimos e à compreensão de frases.

Factor	Caracterização do factor	Tipo de itens que lhe são associados
Fluência verbal (W)	Capacidade de produzir rapidamente palavras a partir de instruções apresentadas.	Apresentada a letra S, o sujeito deveria redigir o maior número possível de palavras iniciadas por essa letra, num curto espaço de tempo. Outro tipo de teste, neste factor, seria a indicação rápida de três sinónimos para uma dada palavra.
Memória (M)	Capacidade de evocar estímulos, como por exemplo pares de palavras ou frases, anteriormente apresentados.	Uma prova neste sentido, embora recorrendo a números, é a "memória de dígitos" nas escalas de Wechsler.
Raciocínio (R)	Capacidade de resolver problemas lógicos.	Cada item pressupõe a descoberta e a aplicação de uma lei geral de sucessão de dígitos (letras, números) ou de transformação de figuras.

Mesmo não tendo sido possível verificar empiricamente a total independência entre os factores isolados, Thurstone propõe que os mesmos reúnem especificidade suficiente para serem concebidos como unidades funcionais independentes, justificando as diferenças intra-individuais num conjunto de testes (Thustone & Thurstone, 1941). No quadro desta teoria, emergiram várias baterias propondo-se a avaliação das aptidões intelectuais com possibilidades de identificarem perfis de aptidões acompanhando as características dos indivíduos e as exigências de cursos de formação e de profissões (Pinto, 1992, 1997). Em primeiro lugar, importa mencionar a *Primary Mental Abilities* (PMA) do próprio Thurstone. Duas outras baterias merecem ser mencionadas ilustrando esta abordagem teórica: a *Differential Aptitudes Tests (DAT)* e a *General Aptitude Test Battery (GATB)*.

Estrutura da inteligência para Guilford

Guilford (1959, 1967) foi um outro autor a defender a inteligência formada por várias aptidões autónomas entre si. O seu modelo representa uma alteração bastante significativa nos modelos factoriais anteriores, partindo de um quadro teórico prévio para o trabalho empírico e não da exploração factorial de dados recolhidos. Por este facto, a sua teoria é bastante divergente das teorias apresentadas pelos demais autores (Acereda & Sastre, 1998; Brody & Brody, 1976; Eysenck, 1979).

Guilford entende a inteligência organizada por múltiplas aptidões interligando uma determinada operação mental (processo cognitivo envolvido na realização), exercida num certo conteúdo (tipo de informação em que a tarefa se expressa) e atingindo um dado produto (forma final da informação ou resultado após a actividade mental do sujeito). No seu modelo "*structure-of-intelligence*" (SOI), cruzando cinco tipos de operações, com quatro tipos de conteúdos e com seis tipos de produtos, o autor formula no início 120 aptidões no seu modelo estrutural da inteligência (Armour-Thomas & Gopaul-McNicol, 1998; Ribeiro, 1998).

Ao nível das *operações* cognitivas, o autor menciona inicialmente cinco tipos diferentes: *cognição* (reconhecimento e compreensão da informação), *memória* (retenção e evocação da informação), *produção divergente* (resolução de problemas envolvendo a produção de diversas soluções possíveis), *produção convergente* (resolução de problemas envolvendo processos de indução e dedução de relações na busca de uma única ou da melhor solução), e *avaliação* (processo de análise das respostas possíveis de acordo com critérios fixados). Em termos de *conteúdos*, mencionam-se de início os seguintes quatro: *figurativo* (informação na forma de imagens), *simbólico* (informação na forma de signos cuja significação decorre de códigos), *semântico* (informação decorrente do significado de palavras ou outros elementos), e *comportamental* (informação associada a pensamentos e sentimentos acerca do próprio indivíduo e dos outros). Finalmente, são apontados seis *produtos: unidades* (elementos de informação singulares ou relativamente limitados), *classes* (agrupamentos de informação em função de características comuns), *relações* (conexões entre unidades de informação), *sistemas* (agrupamentos de unidades estruturadas segundo padrões interrelacionados), *transformações* (modificações ou fases da informação), e *implicações* (conexão circunstancial entre itens devida à sua proximidade).

Logicamente que um modelo tão complexo teria dificuldades na sua verificação empírica. Várias das funções cognitivas permanecem pouco definidas e, desde logo, sem testes específicos para a sua avaliação. Esta dificuldade complicar-se-ia no momento em que o próprio autor foi subdividindo algumas das categorias apontadas. Na sua versão última, o modelo possibilitaria definir *a priori* 180 aptidões (Almeida, 1994) através da subdivisão da memória (passa a considerar a memória a curto-prazo e a memória a longo-prazo) e do conteúdo figural (passa a considerar o conteúdo visual e auditivo), aumentando as dificuldades de qualquer verificação global do modelo proposto. Mesmo algumas provas construídas pelo autor e seus colaboradores apresentam índices psicométricos baixos em termos de precisão e de validade (Almeida, 1988a; Eysenck, 1979; Ribeiro, 1998).

Apesar dessas críticas, a teoria de Guilford trouxe alguns contributos interessantes ao estudo da inteligência. Dois deles aparecem mais mencionados na literatura (Almeida, 1988a; Castelló, 1992). O primeiro tem a ver com a inclusão de processos cognitivos mais associados à criatividade (produção divergente), assumidos como diversos ou complementares aos processos de raciocínio (produção convergente). O segundo tem a ver com a inclusão do conteúdo comportamental entre os conteúdos que poderão diversificar as aptidões intelectuais dos indivíduos. Este conteúdo remete-nos para uma "inteligência social" que, por vezes, reaparece no estudo da inteligência.

Por outro lado, o modelo SOI possui um valor heurístico interessante na identificação e diferenciação das aptidões (Guilford, 1982, 1988), o que não deixa de ter as suas aplicações práticas. Por exemplo, numa análise dos *curricula* podemos estar interessados no tipo de competências cognitivas que se podem desenvolver através de diferentes métodos de ensino nas escolas. A interligação proposta entre as capacidades cognitivas e as aprendizagens escolares está presente nos *"Structure-of-Intellect Learning Abilities Tests"* (SOI-LA) (Meeker, Meeker, & Roid, 1985), sugerindo uma listagem bastante exaustiva de processos cognitivos subjacentes ao trabalho intelectual. Isto, aliás, faz-nos recuperar a sua definição de inteligência enquanto colectânea de aptidões para o processamento, por diversos modos, de diferentes tipos de informação (Guilford, 1980).

Teorias hierárquicas

Progressivamente, os autores propõem a existência simultânea de factores cognitivos mais gerais e mais específicos na explicação da realização cognitiva. No fundo, procura-se conciliar os pontos em confronto nas teorias de Spearman e de Thurstone (Almeida, 1988a; Sternberg & Powell, 1982). A ideia pressupõe a existência de factores cognitivos funcionando em diferentes níveis de generalidade, ou seja, uns mais gerais ou comuns a várias tarefas e outros mais específicos de uma dada tarefa, dando origem a modelos hierárquicos na definição da estrutura da inteligência (Almeida, 1988a, 1988b; Eysenck, 1979; Gustafsson, 1984, 1994).

Modelo hierárquico de Vernon

Na Figura 1.1 reproduzimos um diagrama ilustrando a teoria hierárquica de Vernon (1961). No topo da hierarquia, emerge o *factor g* de Spearman; no nível seguinte surgem dois factores de grande grupo (verbal-educativo ou v:ed e perceptivo-mecânico ou k:m); de seguida estes factores subdividem-se em factores de pequeno grupo ou secundários (bastante próximos dos factores primários de Thurstone) e, finalmente, um conjunto bastante instável de factores ainda mais específicos na linha dos factores s propostos por Spearman inerentes às particularidades de conteúdo ou formato das tarefas (Almeida, 1988a; Anastasi, 1990; Ribeiro, 1998; Sternberg & Prieto, 1997). Numa formulação posterior do seu modelo, Vernon (1969) propõe correlações entre factores, especialmente os relacionados com os domínios educacionais. As habilidades científicas e técnicas, por exemplo, estariam relacionadas com habilidades espaciais, mecânicas e numéricas (Anastasi, 1990).

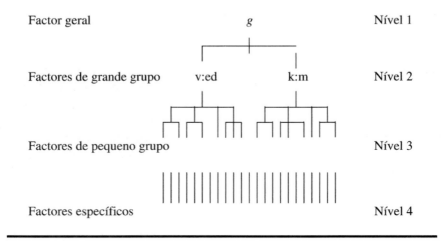

Figura 1.1 – Estrutura hierárquica das aptidões
humanas segundo Vernon (1961)

Inteligência fluida e inteligência cristalizada de Cattell

Uma segunda teoria hierárquica da inteligência é conhecida pela teoria da inteligência fluida *(gf)* e cristalizada *(gc)*, proposta por Cattell (1963). Para Cattell, o *factor g* pode subdividir-se numa inteligência fluida (mais confinado ao próprio factor geral de Spearman) e numa inteligência cristalizada (capacidades assentes no uso da habilidade intelectual). Bastante na linha de Thurstone e de Guilford, Cattell defende a existência de vários factores primários, por exemplo, Compreensão verbal, Aptidão numérica, Velocidade perceptiva, Aptidão mecânica, Raciocínio indutivo, Aptidão espacial, Originalidade, Fluência ou Amplitude de memória, entre outros. A partir de correlações entre estes factores primários, Horn e Cattell (1966, 1967) referem vários factores de 2ª ordem. No Quadro 1.4 estão indicados cinco factores frequentemente identificados.

Quadro 1.4 – Factores de 2ª ordem na teoria de Horn e Cattell

Factor	Caracterização
Aptidão fluida (gf)	Factor que representa a capacidade biológica do sujeito ou a sua potência intelectual, e que se traduz na apreensão de relações complexas (inferência, indução).
Aptidão cristalizada (gc)	Factor que representa a capacidade intelectual do sujeito evoluindo ao longo do seu processo de aculturação; é geralmente avaliado pela maioria dos testes de inteligência disponíveis (verbais, mecânicos, numéricos).
Capacidade de visualização (pv)	Factor que reflecte o papel da aptidão visual na resolução dos vários problemas, nomeadamente, quando estes envolvem imaginação de formas, sua rotação ou transformação.
Velocidade de realização (gs)	Factor que traduz a capacidade de boa realização nas situações de velocidade, geralmente tarefas intelectuais pouco complexas (por exemplo, escrita e cálculo numérico).
Capacidade de evocação e de fluência (gr)	Factor associado com a capacidade de evocação fácil e rápida de ideias, conceitos e palavras da memória.

Brody e Brody (1976) referem que a divisão que Cattell efectuou entre inteligência fluida e cristalizada não deve confundir-se com a suposição de dois factores primários distintos e independentes. Ambas estão correlacionadas de forma positiva, o que não impede uma origem e natureza distintas: *gf* traduz uma aptidão essencialmente biológica, e *gc* uma capacidade decorrente da aculturação dos indivíduos. Com efeito, defende-se que o desenvolvimento e a aquisição das aptidões dependem, não só dos processos de aculturação (experiências educativas), mas também do grau de *gf* de cada sujeito. A inteligência fluida funcionaria, assim, como o potencial intelectual do indivíduo.

Uma evolução no modelo hierárquico de Cattell é-nos proposta por Horn e Noll (1994). Já em 1991, Horn referia que a inteligência englobava um sistema mais vasto de factores que os propostos inicialmente por Cattell (1963). Nove aptidões estão incluídas nesta evolução da teoria *Gf-Gc* (Armour-Thomas & Gopaul-McNicol, 1998; Horn & Hoffer, 1992; Horn & Noll, 1994, 1997): Inteligência fluida (*Gf*) ou capacidade para apreender as relações entre os estímulos e fazer inferências e compreender implicações entre os estímulos, particularmente em tarefas novas e complexas; Inteligência cristalizada (*Gc*) ou capacidade para adquirir em extensão e profundidade o conhecimento da cultura dominante; Conhecimento quantitativo (*Gq*) ou capacidade para usar informação quantitativa e para manipular símbolos numéricos; Armazenamento e recuperação a longo prazo (*Glr*) ou capacidade para armazenar informação na memória a longo prazo durante um longo período de tempo (minutos, horas, semanas e anos) e para a recuperar mais tarde através de associações; Memória a curto prazo (*Gsm*) ou capacidade para manter em consciência a informação e evocá-la segundos depois; Velocidade de processamento (*Gs*) ou capacidade para rapidamente captar e realizar tarefas simples; Velocidade de decisão correcta (*CDS*) ou capacidade para rapidamente decidir e responder com acuidade a tarefas de dificuldade moderada; Processamento auditivo (*Ga*) ou capacidade para perceber padrões de sons, para manter a consciência da ordem e do ritmo de sons sob condições de distorção e distracção, e para compreender relações entre grupos de sons; e, Processamento visual (*Gv*) ou capacidade para perceber e manipular símbolos variando a forma e identificando variações na sua configuração espacial.

Com este desenvolvimento no modelo teórico *Gf-Gc* inicia-se um maior questionamento a propósito do significado e da própria generalidade atribuída ao *factor g*. A par da incongruência entre várias definições avançadas para este factor, certo que a sua avaliação e nível de generalização dependem muito dos testes utilizados. Horn (1988) conclui, então, que o *factor g* torna-se menos necessário. A ideia, mais uma vez, poderá apontar para a necessidade de se considerar várias inteligências e não "uma" inteligência (Horn & Hoffer, 1992).

Finalmente, podemos referir a teoria dos três estratos de Carroll (1993, 1994), constituindo-se como um dos modelos hierárquicos mais recentes. A literatura actual tem revelado algum consenso quanto à existência de uma dezena de factores amplos subjacentes à maioria dos testes cognitivos (Flanagan, McGrew, & Ortiz, 2000; Flanagan & Ortiz, 2001; Horn & Noll, 1997). Tais factores reflectem alguma margem de generalização de certos processos e conteúdos na realização de múltiplos problemas ou tarefas (Almeida, 1988b).

A afirmação deste consenso saiu reforçado pela publicação do livro *"Human cognitive abilities: A survey of factor analytic studies"* (Carroll, 1993). Com recurso a uma série de análises factoriais, o autor procurou examinar mais de 460 bases de dados de diferentes autores na área, alertando que o nível de generalização de um factor pode ser representado pela ordem em que o mesmo factor emerge na análise factorial. Factores que têm relações directas com apenas algumas variáveis tendem a emergir na 1ª ordem; aqueles que têm relações positivas com conjuntos de variáveis que evidenciam alguma diferenciação na 1ª ordem tendem a emergir na 2ª ordem; e aqueles que têm relações positivas com todas as variáveis do estudo, ou com um grande grupo delas, podem emergir na 3ª ordem de análise. Depreende-se daqui, também, que tudo fica bastante dependente da bateria de testes utilizada nos estudos.

Carroll (1993, 1994) refere que os três estratos não podem ser concebidos de forma rígida, podendo inclusive admitir-se estratos intermédios entre os três propostos na sua formulação teórica. De qualquer forma, no modelo dos três estratos, o nível mais elevado (*stratum III*) corresponde a *g*, o segundo nível (*stratum II*) integra oito habilidades cognitivas, aparecendo na base da hierarquia (*stratum I*) algumas dezenas de factores específicos. Os factores de segunda ordem identificados foram: *Factor Gf* (Inteligência fluida) associado aos processos e capacidades básicas para o desempenho de actividades que pouco dependem da aprendizagem e da aculturação; *Factor Gc* (Inteligência cristalizada) representa as capacidades associadas a conhecimentos, fruto de aprendizagens e da aculturação; *Factor Y* (Memória geral e aprendizagem) ou capacidade geral de memorização de informação; *Factor V* (Percepção visual geral) ou capacidade geral para apreender e visualizar formas espaciais; *Factor U* (Percepção auditiva geral) ou factor associado a tarefas envolvendo a percepção auditiva; *Factor R* (Capacidade geral de recuperação) ou capacidade para recuperar rapidamente informação da memória a longo prazo; e, *Factor S* (Velocidade) ou capacidade associada à velocidade da actividade cognitiva e do desempenho.

A teoria dos três estratos goza de um certo consenso entre os investigadores da área, contudo alguns críticos (Bickley, Keith, & Wolfle, 1995) apontam que carece, ainda, de análises factoriais confirmatórias que atestem a sua validade. Os estudos de Bickley e colaboradores (1995) comprovam que tanto a inteligência fluida (*Gf*), como a inteligência cristalizada (*Gc*), apresentam elevadas correlações com *g*, significando que estes dois factores são dimensões de ordem superior com elevada concentração de *factor g*, sugerindo a possibilidade da existência de factores intermédios entre o 2º e o 3º estrato.

Numa síntese dos trabalhos de Cattell, Horn e Carroll, os autores têm vindo progressivamente a assumir uma organização das aptidões intelectuais por referência a três estratos, naquilo que vem sendo definido por Teoria de Cattell-Horn-Carroll (teoria CHC) das Habilidades Cognitivas (McGrew & Flanagan, 1998). No Quadro 1.5 descrevemos os factores cognitivos de 2ª e 1ª ordem (o *factor g* assume-se como de 3ª ordem), tomando nesta listagem os trabalhos mais recentes da abordagem psicométrica. Por razões de espaço não se listam todos os factores de 1ª ordem, deixando as siglas propostas pelos autores na língua inglesa.

Quadro 1.5 – Factores da Teoria de Cattel-Horn-Carroll (CHC) das Habilidades Cognitivas

Estrato II – Factores amplos	Descrição da aptidão	Estrato I – Factores específicos
Gf – Inteligência fluida	Refere-se às operações mentais de raciocínio em situações novas, ou seja, cuja resolução não depende de conhecimentos adquiridos. Capacidade de resolver problemas novos, relacionar ideias, induzir conceitos abstractos, compreender implicações, extrapolar e reorganizar informações, aprender e aplicar relações.	**RG** – Raciocínio Sequencial ou Dedutivo **I** – Raciocínio Indutivo **RQ** – Raciocínio Quantitativo **RP** – Raciocínio Piagetiano
Gq – Conhecimento quantitativo	Refere-se ao conjunto de conhecimentos declarativos e procedimentais na área da matemática, cálculo. Habilidade para usar informação quantitativa e para manipular símbolos numéricos.	**KM** – Conhecimento Matemático **A3** – Realização Matemática
Gc – Inteligência cristalizada	Habilidade associada à extensão e profundidade dos conhecimentos adquiridos numa determinada cultura, e à sua aplicação efectiva no quotidiano. Habilidade de raciocínio adquirida pelo investimento da capacidade geral em experiências de aprendizagem, conhecimentos assentes na linguagem.	**LD** – Desenvolvimento da Linguagem **VL** – Conhecimento Léxico **K0** – Informação Geral **OP** – Produção Oral e Fluência

Estrato II – Factores amplos	Descrição da aptidão	Estrato I – Factores específicos
Grw – Leitura e escrita	Refere-se ao conhecimento adquirido em habilidades básicas de compreensão de textos e de expressão escrita. Habilidade, como se depreende, fortemente associada à escolarização.	RC – Compreensão em Leitura CZ – Habilidade de Fechamento (close) PC – Codificação Fonética WA – Habilidade de Escrita RS – Velocidade de Leitura
Gsm – Memória e Aprendizagem	Habilidade associada à manutenção de informações na consciência por um curto espaço de tempo para poder recuperá-las logo em seguida. Habilidade associada à quantidade de informação retida após o aprendizagem (geralmente conteúdos simples).	MS – Extensão da Memória MT – Memória de trabalho L1 – Habilidade de Aprendizagem
Gv – Processamento visual	Habilidade de gerar, perceber, reter, analisar, manipular e transformar imagens visuais. Está ligado aos diferentes aspectos do processamento de imagens (geração, transformação, armazenamento e recuperação).	VZ – Visualização MV – Memória visual SR – Relações Espaciais P – Velocidade Perceptiva
Ga – Processamento auditivo	Habilidade associada à percepção, análise e síntese de padrões sonoros (incluindo a linguagem oral) particularmente em contextos mais complexos envolvendo distorções ou em estruturas musicais. Não requer o conhecimento linguístico mas está associado ao seu desenvolvimento (mais ligada à consciência fonológica).	UA – Acuidade Auditiva US – Discriminação Fonémica UK – Acompanhamento Temporal UM – Memória de Padrões Sonoros UL – Localização Sonora
Glr – Armazenamento e recuperação da memória a longo prazo	Habilidade associada à extensão e à fluência com que elementos ou conceitos são recuperados da memória a longo prazo por associação. Está ligado ao processo de armazenamento e recuperação posterior, por associação, de conhecimentos.	FO – Originalidade e Criatividade FI – Fluência de Ideias NA – Associação de Nomes FE – Fluência Expressiva FF – Fluência de Figuras

Estrato II – Factores amplos	Descrição da aptidão	Estrato I – Factores específicos
Gs – Velocidade cognitiva geral	Relacionada à habilidade de manter a atenção e de realizar tarefas simples de forma rápida, mas requerendo atenção (acuidade) e velocidade.	R9 – Velocidade nos Testes N – Facilidade Cálculo P – Velocidade Perceptiva
Gt – Velocidade de processamento (rapidez de decisão)	Habilidade associada à rapidez em reagir ou em tomar decisões. Enquanto *Gs* se refere à habilidade para trabalhar rapidamente num dado período de tempo (sustentabilidade), *Gt* prende-se com a reacção rápida a um problema envolvendo processamento e decisão (imediaticidade).	R1 – Tempo de Reacção Simples R2 – Tempo de Reacção com Escolha R4 – Velocidade de Processamento Semântico R7 – Velocidade de Comparações Mentais

Importância dos factores de 2ª ordem

Como se depreende, o elemento decisivo nas teorias hierárquicas da inteligência prende-se com a existência de um conjunto intermédio de factores que, menos gerais que o *factor g*, acabam mesmo assim por determinar o desempenho cognitivo num conjunto relativamente alargado de tarefas ou testes. Falamos, logicamente, dos factores de 2ª ordem, decorrentes das intercorrelações que se verificam entre factores primários ou de 1ª ordem. Neste sentido, o principal contributo das teorias hierárquicas está na identificação dos factores de 2ª ordem e na sua avaliação através dos testes de inteligência mais usados. Os estudos realizados servem, ao mesmo tempo, para isolar e dar consistência aos factores identificados e permitem verificar a validade dos resultados em tais testes assumindo *a priori* uma determinada teoria sobre a organização das aptidões e habilidades cognitivas.

De entre os factores de 2ª ordem, merece particular destaque a inteligência fluida *(Gf)* traduzindo as habilidades de raciocínio dos indivíduos. Trata-se de um factor fulcral na definição e avaliação da inteligência, confirmando os estudos níveis elevados de correlação entre testes de raciocínio e testes de inteligência (Almeida, 1988b; Johnson, Bouchard, Krueger, Mcgue, & Gottesman, 2004; Kaufman, Kaufman, Kaufman-Singer, & Kaufman, 2005).

Danthier, Wilhelm, Schulze, e Roberts (2005), assim como Schulze, Beauducel, e Brocke (2005), encontraram também correlações elevadas entre o teste das Matrizes Progressivas de Raven e *Gf*; ou entre *Gf* e provas de raciocínio (Kyllonen & Christal, 1990; Primi, 2002). Estes resultados, como referia Cronbach (1984), aproximam *factor g* de Spearman do raciocínio e da inteligência fluida.

Face à sua relevância, o *factor Gf* surge avaliado na generalidade dos testes e baterias de inteligência. Por exemplo, Schrank (2005) refere que na bateria WJ III a inteligência fluida é avaliada através das provas de formação de conceitos (raciocínio categórico). Na bateria DAS a inteligência fluida é avaliada através de matrizes, raciocínio sequencial e quantitativo.

O factor inteligência cristalizada *(Gc)* pode definir-se como a inteligência incorporada pelos indivíduos ao longo de um processo de aculturação (Horn, 1988), reflectindo a aquisição do conhecimento de uma língua, informação e conceitos de uma cultura específica, fortemente associada ao conhecimento verbal e muito associada, ainda, aos processos de educação formal e informal (McGrew, 2005). Por outras palavras, o *factor Gc* define-se como uma capacidade para raciocinar usando a experiência de vida e procedimentos cognitivos previamente adquiridos, sendo avaliado através do conhecimento vocabular, conhecimento em áreas específicas, ou cultura geral. Johnson e Bouchard (2005) sugerem a sua avaliação através de testes de vocabulário, sendo certo que também estas tarefas se apresentam de forma generalizada nas baterias de testes de inteligência, encontrando-se os resultados em tais tarefas bastante correlacionados com o *factor g* (Schulze et al., 2005).

Dois factores (*Gq* conhecimento quantitativo; *Grw* leitura e escrita) poderão ser entendidos como instrumentais, sobretudo no segundo caso. Aliás, algumas vezes a realização quantitativa aproxima-se do *factor Gf*, noutros casos reflecte essencialmente conhecimentos e destrezas escolares, e nesta altura aproxima-se do *factor Gc*.

O factor memória a curto prazo *(Gsm)* refere-se à capacidade para manter a informação na consciência durante um curto espaço de tempo para, de seguida, a evocar. O carácter imediato ou de curto prazo desta capacidade diferencia-a de uma memória a longo prazo (MLP). Mesmo a memória a curto prazo (MCP) aparece em vários estudos diferenciada da memória de trabalho (MT), entendida esta como mais processual (Engle, Tüholski, Laughlin, & Conway, 1999; Kail & Hall, 2001). O próprio WJ III apresenta testes factorialmente distintos para separar essas duas estruturas da memória (McGrew & Woodcock, 2001), mesmo que em outros estudos aparecem fortemente correlacionadas (Colom, Abad, Rebollo, & Shih, 2005). MCP define-se como um sistema de capacidade limitada que perde informação rapidamente se não houver activação de outros recursos cognitivos que mantenham a informação disponível (McGrew, 2005). Na linha dos trabalhos de Baddeley e Hitch (1974), a MT descreve-se melhor através de processos cognitivos de controlo, registo, organização e selecção da informação ao longo do seu processamento, defendendo-se um tratamento diferenciado para a informação verbal-linguística e para a informação visuo-espacial.

Vários autores sugerem a importância do *factor Gsm* na avaliação da inteligência, verificando-se a sua inclusão nas diferentes baterias de inteligência (Kyllomen & Christal, 1990; Roid & Pomplum, 2005). Por sua vez, isolando-se a MT, os resultados em tais tarefas encontram-se fortemente correlacionados com o *factor g* (Colom et al., 2005; Colom, Rebollo, Palacios, Juan-Espinosa, & Kyllonen, 2004) ou com provas do *factor Gf* (Embretson, 1985; Primi, 2002; Unsworth & Engle, 2005). Num estudo realizado por Embretson (1985) verificou-se que a capacidade da MT e os seus processos de controlo geral contribuíam para explicar 92% da variância em tarefas de raciocínio. Como explicação, infere-se que as pessoas com melhores resultados na MT são aquelas que controlam melhor a atenção em condições de distracção e interferência na resolução dos problemas (Unsworth & Engle, 2005), parecendo que a inteligência fluida está relacionada com o "Sistema de Execução Central" da MT que, por sua vez, está relacionado com os processos de atenção e de codificação selectiva (Primi, 2002).

O factor armazenamento e recuperação a longo prazo *(Glr)* reporta-se à capacidade para recuperar informação ou conceitos armazenados na memória a longo prazo (MLP). É ainda associada ao processo de armazenamento e posterior recuperação para estabelecer associações entre ideias, acontecimentos e informações previamente armazenados. Este tipo de aptidão é avaliada em tarefas que indicam a consolidação do armazenamento em minutos, horas ou semanas (Horn & Blankson, 2005). Horn e Masunaga (2000) diferenciam dois tipos de fluência da MLP: memória intermédia e fluência de associação. A primeira refere-se à recuperação de informação armazenada durante minutos ou horas. A fluência de associação está relacionada com a maior longevidade dos conteúdos armazenados na memória (normalmente meses ou anos). Ekstrom, French, Harman, & Dermen (1976) distinguem, também, os processos reprodutivos da MLP, relacionados com a recuperação de factos concretos e objectivos, dos processos reconstrutivos da MLP associados à elaboração e reconstrução de informação com base em regras previamente armazenadas.

Dois factores cognitivos estão associados à capacidade de execução rápida das tarefas. Referimo-nos ao factor velocidade cognitiva geral *(Gs)* e ao factor velocidade de processamento *(Gt)*. Em ambos os casos, a capacidade para focalizar a atenção é decisiva, havendo no primeiro desses factores a questão da sua sustentabilidade e no segundo a questão da imediaticidade do processamento e resposta. De acordo com Ribeiro (1998, p. 147), as tarefas que normalmente são utilizadas na avaliação destes factores requerem processos de velocidade cognitiva, acuidade de detalhes visuais, ou identificação de diferenças e semelhanças entre estímulos. De acordo com Horn e Blankson (2005), grande parte dos testes de aptidões cognitivas implicam processos relacionados com velocidade, seja na aquisição de conhecimentos, velocidade de decisão, velocidade de reacção, velocidade de execução motora, velocidade para pensar ou, simplesmente, para desempenhar determinado tipo de comportamentos.

Vários testes e baterias de aptidões incluem a avaliação da velocidade de processamento cognitivo, havendo razões diversas para tal inclusão. Zhu e Weiss (2005) referem que o facto das tarefas relacionadas com a velocidade perceptiva requererem pouco esforço cognitivo reflecte-se, nos estudos, em baixas correlações com o *factor g*. Contudo, a velocidade de processamento surge frequentemente relacionada com a memória de trabalho, raciocínio e aprendizagem (Keith, 2005; Zhu & Weiss, 2005), justificando a sua avaliação na prática. Clarificando a sua relevância na avaliação psicológica em contexto educativo, Rindermann e Neubauer (2001) verificaram que a velocidade de processamento não tem efeito directo no desempenho escolar, contudo assume-se como uma variável moderadora importante das aptidões de nível superior. Importa referir, aliás, que o recurso a tempos de reacção para explicar as diferenças individuais na inteligência tem já uma longa história na Psicologia (Carlson & Widaman, 1987), estabelecendo-se alguma continuidade entre processos cognitivos básicos (codificação, decifração, rotação mental de figuras) e as medidas tradicionais de inteligência, por exemplo as medidas de QI (Eysenck, 1988; Vernon, 1987).

Duas variáveis aparecem mais frequentemente tomadas nestes estudos sobre a "cronometria da mente": os tempos de reacção e os tempos de inspecção. O modelo de análise mais usado nos estudos com os tempos de reacção tem a ver com a aplicação do algoritmo da *lei de Wick:* o tempo de reacção aumenta de forma algorítmica em função do número de decisões e de escolhas que o sujeito tiver que realizar antes de responder a um estímulo (Jensen, 1982). A curva dos desempenhos individuais nas tarefas de reacção com escolha múltipla é então assumida como uma medida directa da eficiência ou da qualidade da inteligência básica, assumida como biológica (se quisermos a *"neuro-anatomical structure and function"* Richardson, 1991, p. 51). As correlações significativas que se encontram entre as medidas dos tempos de reacção e os resultados em testes de QI justificam a associação feita por estes autores entre tais funções básicas e a inteligência. Os coeficientes de sentido inverso encontrados, são tanto mais elevados quanto maior número de alternativas de escolha ou maior complexidade as tarefas envolvam, tendem a situar-se em torno de -.30 e -.40 (Detterman, 1987; Jensen, 1982; Larson & Saccuzzo, 1989; Vernon & Kantor, 1986).

Logicamente que os valores apontados a propósito da relação entre inteligência e a velocidade de processamento da informação são, ao mesmo tempo, interessantes e controversos. Mesmo que para alguns autores as melhores medidas das diferenças individuais na cognição possam ser neurofisiológicas e não cognitivas (Eysenck, 1982), a verdade é que estas posturas são, no mínimo, criticáveis e duvidosas em face das inúmeras dificuldades com a sua interpretação. Por exemplo, as tarefas de "tempos de reacção" parecem, mas não são, exclusivamente neurofisiológicas. Com efeito, elas envolvem compreensão das instruções, motivação, familiaridade com o equipamento, acuidade sensorial, estratégias diversas e diferentes de sujeito para sujeito. Tais variáveis, enquanto não suficientemente esclarecidas, dificultam a atribuição de determinados significados aos "tempos de reacção" (Detterman, 1987). Por outro lado, aspectos como a atenção, a activação ou a motivação parecem ser decisivos para explicar a variabilidade interindividual nos tempos de reacção (Carlson & Widaman, 1987; Keating & Maclean, 1987; Ribeiro & Almeida, 2005). Infelizmente, *"these correlations do not provide us with any explanation for the underlying factors mediating this association"* (Stough & Nettelbeck, 1989, p. 374).

Finalmente, dois factores estão essencialmente ligados ao conteúdo em que as tarefas se apresentam. Referimo-nos ao factor de processamento auditivo (*factor Ga*) e ao factor de processamento visual (*factor*

Gv). O *factor Ga* está associado às aptidões relacionadas com o processamento de padrões sonoros, onde se inclui as competências e as aprendizagens relacionadas com a língua e a música. O *factor Gv* relaciona-se com a capacidade para perceber, transformar, reter e recuperar imagens visuais. Estas aptidões visuais gozam de grande tradição na psicometria, justificando aqui o seu destaque.

No seguimento de estudos realizados por Juhel (1991), o *factor Gv* aparece associado a aptidões de nível inferior: visualização (*Vz*), relações espaciais (*Sr*) e memória visual (*Mv*). Por visualização entende-se a capacidade para produzir uma imagem mental, efectuar transformações sobre a imagem e, consequentemente, reter o traço mnésico associado a essas transformações (Ribeiro, 1998). As aptidões de visualização (*Vz*) requerem, por norma, um processamento cognitivo mais complexo, enquanto que a aptidão de memória visual (*Mv*) requer um menor esforço cognitivo. Também Lohman (1979, 1996) confirmou que a execução das tarefas que requerem aptidões visuais depende da complexidade cognitiva que lhes está associada. Por exemplo, os factores de visualização e de relações espaciais podem confundir-se em tarefas de rotação muito complexas. Neste sentido, Hegarty e Waller (2004) alertam-nos para o facto de não existirem diferenças entre visualização espacial e orientação espacial face às elevadas correlações dos resultados em tarefas que avaliam ambos os factores. Por sua vez, a maior complexidade das tarefas cognitivas usadas pode justificar as correlações encontradas com o *factor g* (Colom et al., 2005).

Por último, alguns estudos destacam a produção de imagens (imagética) como uma das capacidades cognitivas associadas ao *factor Gv*. Os trabalhos de Juhel (1991) não encontraram nas análises factoriais a aptidão de imagética, no entanto esta vem referenciada por McGrew (1997, 2005) na descrição do modelo CHC. Sendo assim, a imagética, enquanto produção de imagens mentais, refere-se a qualquer forma de representação mental que mantenha a propriedade dos estímulos e das experiências sensoriais, na ausência dessas mesmas experiências (Cornoldi, Beni, Giusberti, & Massironi, 1998), havendo ainda algumas investigações neuropsicológicas que associam deficiências na imagética a problemas na memória visual (Farah, 1985).

Entre as provas psicológicas mais utilizadas para avaliação da aptidão de visualização podemos mencionar o teste de aptidão espacial que integra a bateria DAT ou baterias similares (Bennet, Seashore, & Wesman, 2000; Delgado & Prieto, 1997; Embretson, 1992; Pinto, 1992). Por sua vez, Flanagan e Ortiz (2001) sugerem que a tarefa típica para avaliar a memória visual consiste em solicitar ao sujeito a evocação ou o reconhecimento de figuras previamente apresentadas.

Considerações finais

A abordagem psicométrica responde pelo valor psicológico da informação assegurada pela generalidade dos testes de inteligência disponíveis. Estes testes, ora enfatizam uma capacidade cognitiva geral (e.g., *factor g*; QI; Idade Mental), ora enfatizam uma visão polimorfa das faculdades mentais (e.g., aptidões). Pelo menos à luz dos conhecimentos actuais, esta leitura polimorfa parece melhor explicar as diferenças entre os indivíduos e, ainda, as diferenças nos perfis de aptidões ao nível de cada indivíduo na idade adulta. Ao mesmo tempo, a investigação recente converge para a proposta dessas diversas aptidões se encontrarem correlacionadas entre si em função de processos cognitivos e de conteúdos das tarefas que partilham entre si. Nesta altura, um modelo hierárquico de organização de tais aptidões parece-nos bastante defensável, colocando-se em patamares superiores os factores com impacto mais generalizado no desempenho cognitivo.

Neste quadro de aproximação de perspectivas teóricas, a teoria CHC apresenta-se hoje com suficiente validação empírica e valor heurístico para a prática psicológica, em especial no contexto educativo. Fiorello e Primerano (2005) assumem este modelo no estudo da deficiência mental; McGrew, Flanagan, Keith, e Vanderwood (1997) defendem que *Gf, Gc* e *Gs* são fortes preditores de raciocínio matemático. Evans, Floyd, McGrew, e LeForgee (2002) monstram que, na infância e na adolescência, o *factor Gc* apresenta-se fortemente correlacionado com o rendimento académico.

Também o suporte teórico ao modelo CHC tem sido diverso. McGrew e Woodcock (2001) evidenciaram, através de análises factoriais confirmatórias, a consistência da distinção entre o *factor g* e um conjunto de aptidões intermédias, nomeadamente *Gf, Gc, Gv, Ga, Gsm, Glr, Gs, Grw* e *Gq*. De igual forma, Floyd, Bergeron, McCormack, Anderson, e Hargrove-Owens (2005) comprovaram alguma estabilidade temporal das aptidões *Gc*, *Gf*, processamento auditivo, velocidade de processamento e processamento visual.

Todavia, algumas críticas e limitações são igualmente apontadas. Evans e colaboradores (2002) sugerem que a identidade e a estabilidade dos vários factores não permanecem constantes ao longo das várias idades, subsistindo sobretudo alguma indefinição entre inteligência fluida (*Gf*) e o *factor g* (Gustafsson & Undheim, 1996). Por outro lado, não havendo relações entre todas as aptidões do 2º estrato, então não se justificaria um *factor g* no 3º estrato (Horn, 1998; Horn & Noll, 1997). Neste sentido, não parece haver consenso em torno da existência de um factor geral de ordem superior (McGrew, 2005).

Apesar dessas críticas, para Tusing e Ford (2004), o modelo CHC é, neste momento, a perspectiva teórica com melhores evidências psicométricas para descrever e compreender as diversas aptidões humanas. Para além disso, a instabilidade das aptidões de nível intermédio não parece ser tão díspar entre baterias de inteligência, como alguns teóricos procuram alegar (Floyd et al., 2005; McGrew & Woodcock, 2001). Alguma convergência ocorre, com efeito, ao nível das baterias de inteligência mais usadas, como a Woodcock-Johnson-III (WJ-III), a Stanford Binet-5 (SB-5), a de Wechsler para adultos (WAIS-III) ou as baterias de Kaufman. Nunca, como hoje, se encontrou uma teoria que explicasse tão bem os resultados nos testes de inteligência utilizados (Flanagan & Kaufman, 2004).

Para terminar, a abordagem psicométrica sugere um conjunto de aptidões ou factores que entram na realização cognitiva e explicam os desempenhos individuais, no entanto dá pouca informação sobre a forma como tais aptidões convergem e funcionam na resolução de problemas (Almeida, 1988a; Resnick, 1976). Se quisermos, os níveis de realização acompanham os níveis da habilidade dos indivíduos, contudo não deixa de ser uma leitura demasiado estática e, sobretudo, exclusivamente quantitativa. A verdade é que não encontramos, por um lado, uma correlação tão perfeita que nos possa apontar a suficiência de tais aptidões para explicar os níveis de desempenho, como fica ainda por descrever o processo, em si, de resolução. Justifica-se, então, uma abordagem mais dinâmica da cognição e da resolução dos problemas, como nos é proposta pela teoria do processamento da informação ou teoria cognitivista (Almeida, 1988a; Primi, 1995, 1998). Por outro lado, mesmo aceitando a diversidade de habilidades cognitivas e a sua organização hierárquica como mais plausível em termos teóricos e empíricos, certo que várias questões subsistem: (i) a inclusão ou não na inteligência de dimensões não estritamente intelectuais, por exemplo uma inteligência social ou uma inteligência emocional, clarificando se as mesmas se assumem como entidades próprias ou manifestações devidamente contextualizadas de uma dita inteligência ou capacidade geral (ver capítulo 4). A resposta a esta questão tem implicações claras na apreciação dos testes que vão sendo esboçados para a sua avaliação (Bueno & Primi, 2003; Gardner, 1993; Mayer, Salovey, & Caruso, 2000a; Wechsler, 2001); (ii) a valorização de uma interpretação dita qualitativa dos desempenhos nos testes de inteligência, mas devidamente fundamentada em estudos experimentais que explicitem funções, processos ou estratégias necessários à resolução dos respectivos itens. Com efeito, subsiste uma insatisfação generalizada com os testes tradicionais de inteligência, nomeadamente quanto ao que efectivamente avaliam e quanto à possibilidade de avaliarem coisas distintas consoante respondidos por sujeitos médios, sujeitos com deficiência ou sujeitos com características de sobredotação. Assim, urge encontrar parâmetros qualitativos que possam complementar as interpretações quantitativas centradas nas pontuações atingidas em testes ou situações de aprendizagem (Kamphaus, Petoskey, & Morgan, 1997); e, (iii) a possibilidade de uma "avaliação à medida", ou seja, adequando a forma e a extensão da avaliação aos objectivos da própria avaliação e às características cognitivas e sócio-culturais dos indivíduos. Os avanços na "Teoria da Resposta ao Item" (Primi & Almeida, 2001), e a sua progressiva utilização nos estudos de validação dos testes disponíveis, pode ser uma resposta a este ponto pois que, conhecidos os parâmetros descritivos dos itens em termos do traço psicológico avaliado, podemos inferir, no nível e na forma, a habilidade do sujeito com base nos itens que realiza.

CAPÍTULO 2
ABORDAGEM DESENVOLVIMENTISTA

Introdução

Ao contrário da abordagem anterior, centrada que estava nas aptidões ou traços internos da mente, a abordagem desenvolvimental preocupa-se com as estruturas ou esquemas mentais inerentes ao funcionamento cognitivo. Tais unidades de análise, ainda que também internas, são assumidas como construções ou níveis de processamento da informação de complexidade crescente e que acompanham o desenvolvimento mais lato do indivíduo. Esta perspectiva de evolução e de construção, torna a abordagem bastante diferente da anterior, onde os traços ou as unidades analisadas se pautavam por maior estabilidade e, algumas vezes, assumidas como inatas ou biologicamente determinadas.

A abordagem desenvolvimental não aparece tão sistematicamente tratada pelos autores quando se procura descrever as leituras a propósito da definição e, sobretudo, da medida da inteligência. Diríamos que se trata de uma abordagem que não se "intrometeu" claramente nas controvérsias clássicas suscitadas pela abordagem psicométrica em torno da definição e da medida da inteligência, como o número e a natureza dos factores, a hereditariedade *versus* meio na explicação da inteligência, as diferenças interindividuais segundo grupos sócio-culturais de pertença (sexo, classe social, etnia). A sua vertente compreensiva e explicativa da inteligência está, sobretudo, associada à idade dos sujeitos, em particular às mudanças intelectuais na infância e adolescência.

Assim, neste capítulo procuraremos abordar um conjunto de temáticas e teorias que vão ao encontro de uma abordagem mais desenvolvimental da inteligência. Mais concretamente, descreveremos a teoria de Piaget e a teoria de Vygotsky, enquanto autores incontornáveis desta abordagem. Paralelemente, apontaremos os contributos teóricos de outros autores, denominados neopiagetianos. Estes autores, ao tecerem diversas críticas, proporcionaram novos desenvolvimentos decorrentes de reformulações teóricas iniciais das teorias de Piaget, em particular nos conceitos de estádio e de mecanismo de equilibração, ou, ainda, a propósito das estruturas operatórias na adolescencia e término do desenvolvimento com as estruturas operatórias formais das abordagens anteriores.

Perspectiva de Piaget

Jean Piaget, conhecido como um dos maiores expoentes da abordagem desenvolvimentista, preocupou-se menos com a medida e mais com o desenvolvimento da inteligência. Este desenvolvimento, em sua opinião, pode ser descrito em termos de estádios a que correspondem a aquisição e complexificação sucessivas de estruturas operatórias. Requerendo o substrato orgânico da mente como condição necessária mas não suficiente, esta evolução requer a estimulação ambiental e surge particularmente associada a um mecanismo interno de auto-regulação do indivíduo, designado equilibração (Silva, 1982). Este mecanismo de integração e complexificação sucessiva das estruturas operatórias de funcionamento mental associa-se à adaptação progressiva do sujeito aos problemas ou desafios adaptativos do seu ambiente.

Piaget, partindo da sua formação inicial em biologia, questionou-se quanto às funções ou propriedades que permitiam aos organismos adaptar-se e sobreviver nos respectivos contextos. Transpondo essa inquietação para o desenvolvimento das crianças, o seu trabalho orientou-se pelas seguintes formulações: i) que características as crianças apresentam que lhes permitem adaptar-se ao ambiente? e, ii) qual é o modo mais simples, mais preciso e mais útil para classificar ou organizar a sequência do desenvolvimento cognitivo das crianças? (Lefrançois, 1995).

O conceito de inteligência para Piaget não é fixo. Para ele, a inteligência existe em acção, *"is the property of activity that is reflected in maximally adaptative behavior, and it can therefore be understood in terms of the entire process of adapting"* (Lefrançois, 1995, p. 277). Ao definir a inteligência, atende à sua função de adaptação (como qualquer outra função biológica) e à sua estrutura (equilibração progressiva decorrente dos processos de assimilação e de acomodação). A assimilação envolveria uma reacção aos conhecimentos e actividades prévios no sentido de incorporar novas experiências na base das competências possuídas, enquanto a acomodação envolveria uma mudança nas estruturas previamente adquiridas em função das experiências e das exigências a que se vai adaptando (Piaget, 1973). Assim sendo, podemos inferir que, conforme o sujeito vai efectuando a sua adaptação por processos de interacção com o meio, a sua conduta será cada vez mais complexa do ponto de vista cognitivo e, como tal, mais inteligente (Almeida, 1988a; Sternberg & Prieto, 1997).

Nesta perspectiva, a inteligência perspectiva-se como um fenómeno em desenvolvimento, havendo quatro factores que possibilitam e explicam esse mesmo desenvolvimento (Piaget & Inhelder, 1979): i) a maturação do sistema nervoso (como o próprio nome indica, relaciona-se com um processo maturativo de crescente diferenciação das diferentes componentes do sistema nervoso, nomeadamente os mecanismos reflexos de adaptação que se verificam no primeiro mês de vida, mas cuja maturação se prolonga até ao início da adolescência); ii) a experiência com o mundo exterior (relaciona-se com a acção do sujeito sobre os objectos); iii) a interacção com o mundo social (relaciona-se com as experiências sociais do sujeito); e iv) a equilibração (um mecanismo interno do indivíduo tendo a função de permitir e orientar o desenvolvimento cognitivo, gerindo e confrontando as estruturas prévias com novas exigências das situações).

A sua concepção de inteligência, e do seu desenvolvimento, está fortemente associada ao método de investigação que desenvolveu para estudar as crianças, conhecido por método clínico de observação. Basicamente recorre-se à entrevista semi-estruturada em que as respostas dos sujeitos determinam a próxima questão, contrariamente às abordagens mais tradicionais onde perguntas estandardizadas eram apresentadas numa ordem predeterminada também (Lefrançois, 1995). Uma outra característica deste método é o recurso, por excelência, à observação na avaliação da inteligência. Nesta altura, orienta-se mais para a avaliação da competência e da cognição em acção do que para o rendimento atingido (Sternberg & Prieto, 1997).

Desde inicio, a sua teoria (Piaget, 1943) aponta a inteligência como uma forma superior de adaptação biológica, implicando a modificação do ambiente, e através da qual o sujeito obtém um equilíbrio complexo e flexível na sua relação com o meio. Neste processo, o elemento básico para a construção dessa inteligência é a acção do próprio sujeito (Piaget & García, 1987), dado que só actuando é que o sujeito poderá adaptar-se e, em consequência, construir a sua inteligência através de estruturas intelectuais básicas.

No Quadro 2.1 são descritos os quatro estádios de desenvolvimento inicialmente preconizados por Piaget: i) o estádio sensório-motor (dos 0 aos 2 anos); ii) o estádio pré-operatório (dos 2 aos 7 anos); e iii) o estádio operatório (dos 7 aos 16 anos), este acabando por se subdividir em operatório concreto (7-12 anos) e operatório formal (12-16 anos). Cada estádio é caracterizado pela capacidade de executar determinadas tarefas e de se confrontar, de forma diferenciada, com as experiências. Em seguida, descrevemos cada um dos estádios de desenvolvimento propostos por Piaget, alertando para as idades aproximadas de início e término de cada estádio.

Quadro 2.1 – Estádios do desenvolvimento cognitivo segundo Piaget

Estádio	Amplitude de idades	Principais características
Sensório-motor	Do nascimento aos 2 anos	Desenvolvimento da permanência do objecto (capacidade para pensar na existência de pessoas / objectos mesmo quando ausentes); desenvolvimento das aptidões motoras; pouca ou nenhuma capacidade de representação simbólica.
Pré-operatório	Dos 2 aos 7 anos	A criança já recorre ao simbolismo (imagens e linguagem) para representar e compreender diversos aspectos do meio. Responde aos objectos e acontecimentos e às suas aparências. Possui um pensamento egocêntrico; pensa que todos vêm a realidade de forma muito similar à sua.
Operações concretas	Dos 7 aos 12 anos	A criança aprende e usa as operações cognoscitivas (actividades mentais que fazem parte do pensamento lógico). Desenvolvimento da capacidade de conservação (ideia de que a quantidade não se relaciona com a aparência física); reversibilidade do pensamento.

Estádio	Amplitude de idades	Principais características
Operações formais	Dos 12 anos aos 16-18 anos	As operações cognoscitivas do adolescente são reorganizadas de forma a que este possa reflectir sobre elas (pensar acerca do pensamento). Desenvolvimento do pensamento lógico e abstracto; combinatória das condições das variáveis e dupla reversibilidade operatória.

O *estádio sensório-motor* (desde o nascimento até aos 2 anos) (Quadro 2.2): A característica mais marcante no comportamento da criança até aos dois anos de idade resulta, em parte, da ausência de linguagem e da representação interna. O mundo da criança, como não pode ser representado mentalmente, é um mundo do aqui e agora, onde os objectos existem somente nos sentidos e nas actividades que desenvolve através deles. Daí a designação de inteligência sensório-motora.

Descrevendo com algum pormenor este primeiro estádio, podemos explicitar as principais aquisições cognitivas da criança ao longo de seis subestádios com que Piaget analisa estes dois primeiros anos de vida. O primeiro subestádio (do nascimento até 1 mês) é caracterizado por um conjunto de reflexos e comportamentos aleatórios que surgem como respostas isoladas e que caracterizam actividades espontâneas e globais responsáveis pela sobrevivência (Piaget & Inhelder, 1997). O bebé nasce com um conjunto de reflexos primários (sucção, reflexo palmar, preensão) e que evoluem para um "exercício reflexo", o qual providencia uma maior segurança em tarefas como encontrar mais facilmente os mamilos da mãe. No subestádio dois (1 a 4 meses) assiste-se a uma evolução dos esquemas reflexivos para a aquisição dos primeiros hábitos, os quais podem depender do comportamento do bebé ou das condicionantes impostas pelo exterior. O subestádio três (4 aos 8 meses) é marcado pela coordenação entre a visão e a preensão. A criança consegue estabelecer uma relação causal com estímulos visuais (se existirem sons por detrás de um biombo e essa música terminar, a criança desenvolve esforços para puxar de novo a corda). Esse comportamento é deveras assinalável, uma vez que na opinião de Piaget e Inhelder (1997) marca o limiar da inteligência. No quarto subestádio (8 aos 12 meses) surgem comportamentos de inteligência prática bastante mais completos, marcados pela procura de objectivos independentemente dos meios. Nesta fase é possível encontrar comportamentos típicos como empurrar as mãos da mãe para alcançar um objecto pretendido. O quinto subestádio (12 aos 18 meses) pauta-se pela procura de novos meios através de uma capacidade desenvolvida para encontrar diferenças nos esquemas já utilizados e conhecidos. A criança consegue perceber a relação entre os movimentos de um cobertor e a aproximação de um objecto para junto de si. Com isto ela puxa o cobertor para conseguir alcançar o objecto que se encontra em cima dele e numa extremidade completamente inacessível. Por último, temos o sexto subestádio que marca a transição para o estádio seguinte (18 aos 24 meses) e que assinala uma capacidade para alcançar novos meios através de esquemas e situações já interiorizadas. A criança não se encontra dependente do tacto ou da manipulação dos objectos, mas recorre aos processos de compreensão súbita e *insight* (Piaget & Inhelder, 1997). Ao invés de procurar abrir uma caixa por simples tacteamento (comportamento típico do subestádio anterior), a criança neste caso examina-a atentamente antes de a abrir e explicitando intencionalidade nessa acção.

Quadro 2.2 – Seis subetapas do período sensório-motor de Piaget

Sub-etapa	Método utilizado na resolução de problemas	Imitação	Conceito de objecto
1. Actividade reflexa (0-1 mês)	Exercício e acomodação dos reflexos inatos.	Imitação reflexa nas respostas motoras.	Segue um objecto em movimento sem que preste qualquer atenção ao seu desaparecimento.
2. Reacções circulares primárias (1-4 meses)	Repetição de um conjunto de acções centradas no próprio corpo.	Repetição da conduta pessoal resultante da imitação por comparação.	Fixa a sua atenção no local onde o objecto desapareceu.
3. Reacções circulares secundárias (4-8 meses)	Repetição de um conjunto de acções centradas em objectos externos.	Igual ao da subetapa anterior.	Busca de objectos parcialmente ocultos.

Sub-etapa	Método utilizado na resolução de problemas	Imitação	Conceito de objecto
4. Coordenação dos esquemas secundários (8-12 meses)	Combinação de acções para resolver problemas simples (primeira evidência de intencionalidade).	Imitação gradual de novas respostas; imitação diferida de acções motoras muito simples após um breve período de tempo.	Procuram e encontram objectos ocultos onde os tinha encontrado pela última vez (e não onde o viu pela última vez – erro A não B).
5. Reacções circulares terciárias (12-18 meses)	Experimentação para encontrar novas formas para resolver os problemas ou reproduzir resultados interessantes.	Imitação sistemática de respostas novas: imitação diferida de acções motoras após um longo intervalo de tempo.	A criança procura e encontra os objectos que tenham sido escondidos diante dela.
6. Alcance de objectivos através de combinações mentais (18-24 meses)	Primeira evidência de *insight* ao procurar resolver os problemas recorrendo a processos internos e simbólicos.	Imitação diferida de sequências complexas de conduta.	O conceito de objecto está completo; a criança encontra objectos que tenham sido escondidos por meio de movimentos invisíveis.

O *estádio pré-operatório* (dos 2 aos 7 anos): Uma das maiores aquisições deste estádio é a aptidão para adquirir símbolos e para comunicar através da linguagem. Este estádio pode ser subdividido em dois subestádios em termos de pensamento pré-conceptual e de pensamento intuitivo. O primeiro (dos 2 aos 4 anos) caracteriza-se pela aptidão para representar objectos internamente, ou mentalmente, e para os identificar conforme pertençam a determinadas classes na base dos seus atributos. Outra característica do pensamento neste subestádio é o facto de ele ser "transdutivo" como oposto a indutivo ou dedutivo. O pensamento transdutivo envolve o processo de inferências de um ponto específico para outro (por exemplo, uma criança pensa "o meu cão tem pêlo, e aquela coisa tem pêlo; então é um cão"). O segundo subestádio é marcado pelo pensamento intuitivo (4 aos 7 anos), tornando-se o pensamento da criança mais lógico, embora ainda mais governado pela percepção do que pela lógica (deixam-se "enganar" pela aparência ou forma como é demonstrado pelas tão conhecidas tarefas de conservação da substância e do líquido). Um aspecto que caracteriza o pensamento das crianças nesta idade é o egocentrismo (domínio dos processos de assimilação), ou seja, não conseguem aceitar facilmente o ponto de vista dos outros, assim como ainda não conseguem compreender completamente como agrupar os elementos em classes mais vastas.

O *estádio operatório concreto* (dos 7 aos 11/12 anos): Sensivelmente, por volta dos 7 anos, a criança faz uma importante transição das denominadas pré-operações para as operações, ou seja, dum tipo de pensamento dominado pela percepção, egocentrismo e pré-lógica, para um pensamento mais regulado por regras lógicas. A importância que a conservação assume na teoria de Piaget justifica-se pelo facto de ela poder ilustrar o uso de uma ou mais regras de lógica que agora a criança utiliza ao pensar e ao operar. O que acontece é que a criança, na análise da realidade e construção de conhecimento, descobre que existe uma lógica que regula as acções e as interacções (Piaget, 1972). Estas regras são a reversibilidade (quando a criança compreende que uma acção pode ser reversível e que determinadas consequências lógicas decorrem da mesma), a identidade (para cada operação ou acção existe uma outra que não modifica o objecto) e a compensação (definida em termos de consequências lógicas de combinação de mais do que uma operação ou dimensão, por exemplo, o copo é mais estreito mas é mais alto, portanto compensa).

Neste estádio, as crianças adquirem também novas competências para lidar com as classes, os números e as séries, sendo que o desenvolvimento destas aptidões depende significativamente da interacção e manipulação dos objectos reais. Ora, decorrente desta manipulação dos objectos reais, surge a capacidade de os ordenar em séries e fazer correspondências entre mais do que uma série. Também se compreende que a capacidade para lidar com números seja um resultado da classificação e da seriação, uma vez que uma compreensão completa dos números requer alguma compreensão da sua magnitude (uma coisa, duas coisas, e assim sucessivamente) bem como do seu significado ordinal (primeiro, segundo, e assim sucessivamente).

O *estádio operatório formal* (dos 11/12 aos 16-18 anos): As operações formais apresentam um importante avanço sobre as operações concretas. Os adolescentes são potencialmente capazes de lidar com o hipotético e de idealizar (o não concreto). Assim, neste estádio, os adolescentes mais velhos conseguem executar operações formais quando confrontados com problemas que requerem uma análise sistemática de um número elevado de possibilidades. A isto Piaget (Inhelder & Piaget, 1958) denominou estrutura da combinatória (imaginar todas as possibilidades e depois esgotá-las, demonstrando então a natureza hipotética e combinatória do pensamento formal). Surge, assim, o que pode ser denominado como pensamento proposicional, ou seja, o pensamento não está confinado ao concreto ou à potencialidade real, mas consegue lidar com hipóteses verdadeiras ou falsas em qualquer proposição. Uma outra estrutura que os sujeitos desenvolvem neste último estádio é o grupo INRC, ou estrutura da dupla reversibilidade, sendo que o I significa a identidade ou operação directa, o N a operação de negação, o R a operação recíproca e o C a operação correlativa ou negação da recíproca (Inhelder & Piaget, 1955). Para Piaget, estas estruturas operatórias permitiriam ao adolescente o pensamento típico do adulto, traduzindo também a forma mais avançada do desenvolvimento da inteligência (Almeida, 1988a).

Ao conceber estes estádios de desenvolvimento, Piaget tem, como pano de fundo a sua universalidade e a sua sequência invariante, isto é, a aquisição de um estádio só ocorre após a aquisição dos estádios anteriores, generalizando este processo para todas as culturas. Introduz, ainda, as noções de *décalage* horizontal e de *décalage* vertical para se referir, no primeiro caso, às aquisições relacionadas com uma mesma estrutura, mas acontecendo em momentos ligeiramente diferentes dentro do mesmo estádio, enquanto no segundo caso, ou seja, na *décalage* vertical falamos nos quatro estádios desenvolvimentais (Piaget, 1941).

Antes de mais, a perspectiva de Piaget pode ser considerada uma teoria desenvolvimental, considerando a sua ênfase na génese (ou desenvolvimento) da inteligência. Contudo, também pode ser considerada uma teoria da aprendizagem, atendendo às suas contribuições nesta área (Lefrançois, 1995): i) a aquisição do conhecimento é um processo de desenvolvimento gradual possível graças à interacção da criança com o ambiente; ii) a sofisticação da representação do mundo pela criança é uma função do seu estádio de desenvolvimento cognitivo (estádio este que é definido pelas estruturas que a criança possui); e, iii) a maturação, a experiência activa, a equilibração e a interacção social são factores que condicionam a aprendizagem (Piaget, 1961).

Os estudos de Piaget suscitaram uma série de outros estudos e investigações sobre e na linha do seu trabalho. Não sendo objecto principal deste livro a questão da avaliação da inteligência, que deixamos para um outro volume, certo que a sua teoria deu origem a várias escalas de avaliação do desenvolvimento cognitivo alternativas aos testes psicométricos. Entre essas escalas, e a título de exemplo, podemos mencionar a Escala de Avaliação do Desenvolvimento na Primeira-Infância Brunet-Lezine (Brunet & Lézine, 1978; revista por Denise Josse, 1997). Em termos da sua teoria, se alguns autores desenvolvimentistas corroboram as suas conceptualizações, outros assumiram posições mais críticas. Apresentamos, brevemente, algumas das críticas mais frequentes às posições teóricas de Piaget.

Podemos começar por uma das primeiras críticas a ser formulada, ou seja, o reduzido número de sujeitos utilizados, sendo que o próprio método clínico não permitia um alargamento desse número. Uma outra crítica relaciona-se com a terminologia utilizada e com a lógica subjacente que nem sempre parece evidente. Alguns estudos parecem revelar que Piaget subestimou as capacidades das crianças mais novas, sugerindo-se que elas são capazes de certos comportamentos importantes que Piaget não referiu. Por exemplo, Baillargeon (1987, 1993) refere trabalhos que parecem indicar que algumas crianças adquirem a noção da permanência de objecto antes da idade apontada por Piaget. Bjorklund (2005) sugere que todas as crianças mostram habilidades muito mais evoluídas de resolução de problemas em tarefas com as quais estão familiarizadas. Gelman, Meck e Merkin (1986) e Aubrey (1993) defendem também que os alunos do pré-escolar já desenvolveram a compreensão do número, facto que Piaget reportava ao estádio concreto.

Em relação ao estádio formal surgem também várias críticas, aliás, parece ser a este nível que a teoria de Piaget é mais criticada (Almeida, 1988a). Parece que Piaget sobrestimou as capacidades dos adolescentes, pois uma série de estudos fornece dados convincentes ao assinalarem que muitos dos adolescentes funcionam em termos concretos e falham nas operações formais (Dulit, 1972; Modgil & Modgil, 1982). De referir que muitos adultos também não conseguem realizar as operações formais (Bynum, Thomas, & Weitz, 1972; Chiapetta, 1976; Marinini, 1984).

Face a estes resultados na adolescência, Piaget (1972) procedeu a uma série de hipóteses explicativas destas divergências. Podemos agrupá-las em três grupos: i) em relação à amostra de alunos considerada, refere que, pelo facto de serem oriundos das melhores escolas de Géneve, poderiam ser mais estimulados, implicando uma maior velocidade no desenvolvimento; ii) o processo de diferenciação das aptidões cognitivas torna-se bastante acentuado na adolescência o que poderá ter uma grande importância na diferenciação dos sujeitos, explicando que as operações formais possam ser menos gerais e menos comuns a todos os indivíduos que as operações concretas; e, decorrendo da hipótese anterior, iii) os sujeitos vão atingindo o estádio formal de uma forma diferenciada conforme as suas aptidões, os domínios de maior competência e as suas opções escolares. Daí que o material utilizado nas provas (de natureza física e lógico-matemática) poderá não permitir generalizações das operações formais adquiridas à realização cognitiva dos sujeitos em diferentes contextos.

Piaget é importante, não porque construiu uma teoria "inabalável", mas porque foi o primeiro a trabalhar o desenvolvimento intelectual da criança em detalhe e porque as pessoas continuam a referir-se às questões que ele próprio colocou. A maioria das suas demonstrações foi replicada minuciosamente; quase tudo o que Piaget escreveu foi objecto de análise e parte do que defendeu foi sendo "desmantelado" por investigadores que lhe sucederam (Gardner, Kornhaber, & Wake, 1996).

Assim, a sua perspectiva de inteligência é limitada nalguns aspectos. Por exemplo, o desenvolvimento da inteligência cessaria na adolescência. Em contrapartida, vários investigadores sugerem a possibilidade de ocorrência de outros estádios, ou pelo menos um quinto estádio, após as operações formais (Arlin, 1984, 1989; Demitriou, 1990; Labouvie-Vief, 1992; Richards & Commons, 1984). Por outro lado, Piaget estava interessado na inteligência enquanto característica comum ou observável em todos os seres humanos, focando a universalidade do pensamento. Por esta razão, e de forma compreensível, descurou as diferenças interindividuais dentro de uma cultura e entre culturas. Piaget ignorou, também, a questão sobre como tornar os sujeitos mais inteligentes ou como aumentar a velocidade do seu desenvolvimento cognitivo. Na verdade, Piaget não simpatizava com esta questão, denominando-a de *"American Question"* por ser muitas vezes confrontado com ela nas suas visitas aos Estados Unidos. Piaget também não focalizou nem destacou as questões do impacto do contexto no desenvolvimento da inteligência, aliás defendia que os materiais utilizados nas tarefas não eram em si importantes (por exemplo, a conservação era conservação quer se utilizasse água ou argila).

Actualmente, poucos, ou mesmo ninguém, são os defensores acérrimos de todas as posições propostas por Piaget, sendo que os resultados encontrados em alguns estudos foram conduzindo a diferentes abordagens do desenvolvimento cognitivo. Alguns autores argumentam que não faz sentido pensar no desenvolvimento das crianças e dos adolescentes, em termos de pensamento, através de estádios discretos sequenciais (Brainerd, 1978; Fodor, 1975). Outros investigadores continuam a defender que faz sentido uma progressão geral das habilidades cognitivas, como a defendida por Piaget, e que é melhor partir do que este autor construiu do que começar "do zero".

É neste último grupo que se encontram os autores denominados "neo-piagetianos" ou "pós-piagetianos" (Gardner et al., 1996), cujos trabalhos desenvolveremos mais à frente, ao longo deste capítulo. Estes autores, por um lado, mantiveram os principais estádios de Piaget e, por outro, introduziram um maior detalhe de análise, incluindo subestádios e o desenvolvimento de métodos precisos para determinar o(s) estádio(s) ou nível(eis) no(s) qual(ais) a realização de cada criança se situava. Nesse sentido, pode dizer-se que eles foram mais piagetianos que Piaget. Contudo, também modificaram a conceptualização de Piaget em relação a vários aspectos: assumiram um abordagem mais vasta que Piaget, considerando aspectos do desenvolvimento social e emocional, bem como o desenvolvimento (treino) da própria inteligência. Assim, foram sensíveis às possibilidades de treino ou à aceleração da passagem de um estádio para outro (ou subestádio), às implicações educativas da teoria e salientaram a importância do contexto sociocultural e do conteúdo das tarefas para a sua resolução. Defendiam ainda que, mais do que a colocação de um indivíduo num determinado estádio, poderia acontecer que com materiais familiares estariam num determinado estádio e com materiais ou contextos não familiares estariam num estádio de desenvolvimento menos elevado.

Outros autores apresentam conceitos susceptíveis de melhor explicar o processo de desenvolvimento da inteligência ou, ainda, a sua promoção intencional. Temos, por exemplo, a noção de conflito cognitivo, introduzido por Smedslund em 1961. Conceito este definido por Inhelder, Sinclair e Bovet (1974) como o "desequilíbrio de uma dada estrutura, provocado pelo confronto com possibilidades de resposta diferentes, levando à sua reestruturação e acontecendo assim uma equilibração majorante" (Morais, 1996, p. 17). No entanto, os trabalhos de investigação não ficaram por aqui. Outros autores aludem ao conflito sócio-cognitivo em substituição do conflito cognitivo, dando origem à denominada psicologia social genética. Através desta noção, passar-se-ia a compreender melhor como as "interacções com os outros levam à estruturação das experiências individuais" (Morais, 1996, p. 19). Neste sentido, Mugny e Doise (1983a) introduzem o conceito de *"marquage social"*, o qual revela a importância do factor social no desenvolvimento cognitivo. Assim se compreende que, para os novos autores do desenvolvimento da inteligência, o sujeito epistémico idealizado por Piaget esteja a ser substituído por um sujeito inserido num determinado contexto social, deixando de ser um epifenómeno e tornando-se fundamental na sua construção cognitiva (Mugny & Carugati, 1985).

Perspectiva de Vygotsky

Se procurássemos definir a especificidade da teoria de Vygostsky por intermédio de algumas palavras, seria incontornável abordar conceitos importantes como a socialização humana, interacção social, signo e instrumento, cultura e funções mentais superiores. Caso fosse necessário resumir todas estas palavras numa única expressão poderíamos dizer que a teoria de Vygotsky assume-se como uma teoria sócio-histórico-cultural do desenvolvimento das funções mentais superiores (Vygotsky, 1978).

Vygotsky foi um dos primeiros autores a reagir criticamente às ideias de Piaget, embora ambos partilhassem quer uma perspectiva genética na compreensão dos fenómenos mentais quer uma abordagem dialéctica em termos dos processos de desenvolvimento (Lourenço, 2002). A sua teoria sócio-cultural enfatiza largamente a importância do contexto social no desenvolvimento psicológico ao defender que "qualquer função no desenvolvimento cultural da criança ocorre duas vezes: primeiro, no plano social e, mais tarde, no plano individual; primeiro entre as pessoas (nível interpsicológico), e depois dentro da criança (nível intrapsicológico). Isto aplica-se de igual modo à atenção voluntária, à memória lógica e à formação de conceitos" (Vygotsky, 1978, p. 57).

Na génese do desenvolvimento cognitivo, e à semelhança de Piaget, Vygotsky coloca a importância da acção, e acentua também o papel determinante dos processos de desenvolvimento e não tanto os resultados. Desta forma, o desenvolvimento cognitivo do indivíduo ocorre na dimensão da sua história social, acabando por se constituir no produto do desenvolvimento histórico-social do contexto onde se encontra inserido. Portanto, os processos cognitivos e as formas de estruturar o pensamento não são determinados apenas por factores genéticos, antes são resultado das interacções com o contexto sócio--cultural. Consequentemente, tanto a historicidade da sociedade como a própria história pessoal do indivíduo são factores cruciais que vão determinar o seu desenvolvimento cognitivo.

Como consequência desta ênfase colocada ao nível do contexto sócio-cultural, a teoria de Vygotsky acabou por estimular um interesse crescente na perspectiva de que o conhecimento é um fenómeno localizado (situacional) e interactivo (cooperativo) (John-Steiner & Mahn, 2003; Rogoff, 2003; Tudge, 2004). De acordo com esta perspectiva, o conhecimento não tem origem nos indivíduos, mas resulta da interacção com os outros e com o próprio meio cultural onde este se encontra inserido. Sugere-se, desta forma, que o conhecimento evolui essencialmente através da interacção com as outras pessoas, nomeadamente nas actividades que exigem algum grau de cooperação. Podemos compreender este processo enquanto resultado das próprias funções e competências cognitivas que cada indivíduo dispõe para interagir socialmente no meio.

Outra das contribuições importantes de Vygotsky consiste na explicação de que todas as funções psíquicas superiores são processos mediados por instrumentos e signos, nomeadamente a linguagem (Vygotsky, 2007). Vygotsky abordou a linguagem e outros sistemas de signos enquanto elementos constituintes e de mediação da acção humana, o que de alguma forma sugere a sua associação com o conceito de *acção mediada*. A linguagem surge, assim, como um instrumento privilegiado que condiciona o facto de os processos mentais superiores se configurarem através da actividade social. Para Vygotsky é necessário compreender as relações entre pensamento e linguagem para que se entenda o processo de desenvolvimento intelectual. A linguagem não é apenas uma expressão do conhecimento adquirido pela criança na medida em que existe uma inter-relação fundamental entre pensamento e linguagem caracterizada pela troca recíproca de recursos.

Outro dos princípios básicos da teoria de Vygotsky é a noção de *Zona de Desenvolvimento Próximo*, que representa a diferença entre a capacidade da criança para resolver problemas por si própria e a capacidade de resolvê-los com a ajuda de alguém (Vygotsky, 1991). Por outras palavras, teríamos uma zona de desenvolvimento actual (auto-suficiente) que abrange todas as funções e actividades que a criança consegue desempenhar pelos seus próprios meios, sem ajuda externa, e uma zona de desenvolvimento próximo que, por sua vez, abrange todas as funções e actividades que a criança consegue desempenhar contando com a ajuda de alguém. Esta pessoa que intervém de forma não intrusiva para assistir e orientar a criança tanto pode ser um adulto como um colega que já tenha desenvolvido com sucesso a competência requerida. Assim, para Vygotsky, no desenvolvimento cognitivo da criança é importante que haja uma interacção social com os adultos e outras crianças com elevadas capacidades. Através desta interacção, promove-se um desenvolvimento das capacidades menos desenvolvidas através da aprendizagem e manipulação de instrumentos que ajudam nos processos adaptativos a uma determinada cultura. A experiência de aprendizagem mediatizada procura transcender o contexto imediato da situação onde a interacção decorre, procurando atingir objectivos e necessidades mais diferidas no tempo.

Uma implicação evidente desta concepção é que o desenvolvimento cognitivo é de natureza social e integra todo um processo em que a criança desenvolve o seu potencial dentro da intelectualidade e da historicidade daqueles que a cercam. Esta concepção representa uma forte crítica à psicologia tradicional, mais centrada nos processos individuais, identificados com a mente ou com a conduta do indivíduo isolado das interacções com o meio. Da mesma forma, ultrapassa o condutivismo behaviorista onde o peso dado ao contexto não é mediado pelos processos mentais. Portanto, "surge assim a necessidade de que a inteligência, e as suas diferentes formas de expressão, sejam compreendidas através de uma análise das experiências e dos contextos sócio-culturais nos quais o indivíduo constrói e desenvolve o seu comportamento intelectual" (Almeida, 1991, p. 23), sendo esta perspectiva holística importante seja na caracterização seja na avaliação da inteligência de cada sujeito.

De acordo com Vygotsky a compreensão do fenómeno da inteligência deve implicar uma análise dos processos cognoscitivos desenvolvidos e das estruturas que estão ainda em fase de maturação. Assim, considerava que as tarefas de avaliação deveriam incluir uma interacção cooperativa entre o avaliado e avaliador um processo denominado por *avaliação dinâmica*. Em suma, a inteligência surge não só como um reflexo das capacidades demonstradas directamente pela criança, mas também pelo desempenho evidenciado com a ajuda de um adulto (Brown & Ferrara, 1999; Daniels, 1996).

Perspectivas Neopiagetianas

Desde a segunda metade da década de setenta que se tem salientado um esforço notório para enquadrar teoricamente os estudos de desenvolvimento cognitivo, bastante evidente em alguns trabalhos patentes na perspectiva neopiagetiana (Bermejo, 1998; Case, Demetriou, Plastsidou, & Kazi, 2001; de Ribaupierre, 2007; Demetriou, 1988; Kallio & Pirttilä-Backman, 2003). Este conjunto de autores defende algumas das ideias de Piaget, embora cada um deles introduza formas diversas de entender e explicar como se processa o próprio desenvolvimento cognitivo. Por exemplo, vários destes autores salientam os processos de atenção, memória e aprendizagem na explicação do desenvolvimento e do desempenho cognitivo progressivamente mais complexo (Case, 1992, 1999). Na realidade, defendem que para obter um enquadramento adequado do pensamento infantil é necessário abordar aspectos importantes, que carecem de uma análise minuciosa e precisa, como as estratégias utilizadas, a velocidade de processamento da informação ou as tarefas cognitivas utilizadas na sub-divisão dos problemas cognitivos em etapas intermédias (Case & Mueller, 2001).

Neste apartado do capítulo faremos referência à teoria dos operadores constructivos de Pascual-Leone, ao modelo estructural-processual de Case, e à corrente sócio-cognitiva da Escola de Genebra (Doise, Mugny, Perret-Clermont, entre outros), sendo referidos ainda outros modelos teóricos com algum contributo à perspectiva desenvolvimentalista da inteligência.

Teoria dos Operadores Constructivos de Pascual-Leone

Em 1963 Pascual-Leone propunha a Piaget a integração do conceito de "capacidade mental" (ou atencional) dentro da sua teoria. Com isto, pretendia alertar para o número limitado de esquemas cognitivos que a criança consegue colocar em funcionamento simultâneo e que, por isso mesmo, afecta o seu desempenho cognitivo. Esta ideia não agradou de todo a Piaget, uma vez que este achava impossível que um constructo quantitativo pudesse explicar as diferenças qualitativas que decorrem das várias etapas do desenvolvimento. Apesar disso, Pascual-Leone prosseguiu na sua intenção de desenvolver as suas ideias, tendo introduzido em finais da década de sessenta a "Teoria dos Operadores Constructivos" (TOC) (Pascual-Leone, 1970, 1987; Pascual-Leone & Johnson, 2005). Esta teoria procura superar as limitações da psicologia genética e descreve a organização funcional interna do sujeito, tentando assim explicar algumas diferenças individuais ao nível da realização de provas piagetianas (Cardellini & Pascual-Leone, 2004).

O modelo de Pascual-Leone partilha alguns aspectos importantes com a teoria de Piaget. Nesse particular, destacam-se aspectos importantes como a concepção de desenvolvimento enquanto processo eminentemente constructivista, de igual forma reporta a existência de um conjunto de estádios qualitativamente diferenciados (de Ribaupierre, 1983). Considera, ainda, a noção piagetiana de "esquema", embora reformulada com uma perspectiva de âmbito mais conexionista do tipo "... um conjunto de neurónios distribuídos no cérebro que partilham funções iguais (ou seja, em conjunto podem desenvolver novos resultados) e que são reactivados com frequência (activados ao mesmo tempo ou em sequência), sugerindo algum treino e insistência" (Pascual-Leone, 1995, p. 13). Neste aspecto, o modelo procura destacar a dimensão explicativa e causal que dificilmente poderia ser alcançada num modelo tipicamente piagetiano de equilibração; a perspectiva dinâmica que complementa a orientação estruturalista de Piaget; os estilos cognitivos e as diferenças inter-individuais *versus* o sujeito epistémico universal de Piaget.

Segundo Pascual-Leone, o sistema psicológico (o metasujeito na terminologia da TOC) integra dois níveis hierárquicos que interagem entre si: o sistema subjectivo dos *esquemas* (*Subjective Software Schemes*) e o sistema oculto dos operadores (*Hidden Organismic Operators*). Tal como na teoria piagetiana, os esquemas afiguram-se como unidades básicas de funcionamento psicológico, ou representações abstractas mais ou menos estáveis e que resultam da interacção do sujeito com o meio. No segundo nível de análise encontramos os *operadores ocultos* (*hidden operators*), que não incidem directamente ao nível dos estímulos, mas sobre esquemas, modificando o seu dinamismo ou força de assimilação. Neste âmbito, a análise das tarefas permite, de alguma forma, explicar o comportamento humano, possibilitando uma compreensão dos esquemas até então activados e dos operadores utilizados. Neste sentido, os esquemas poderiam ser considerados um *software*, enquanto os operados poderiam ser associados ao *hardware*.

Existem três tipos de esquemas: *pessoais*, *afectivos* e *cognitivos*, os quais podem ser activados pelo próprio sujeito ou pelos estímulos provenientes do meio. Os esquemas pessoais correspondem aos valores, crenças ou atitudes (...) e constituem o repertório B; os afectivos associam-se ao repertório A; e, finalmente, os cognitivos perfilam-se nos repertórios L e C. De salientar, ainda, que os esquemas cognitivos podem ser de três tipos: figurativos, operativos e executivos. Os primeiros afiguram-se como predicados e constituem-se como conteúdos do pensamento. Os esquemas operativos aplicam-se aos esquemas figurativos a fim de transformar os conteúdos do pensamento (estratégias, regras...). Finalmente, os esquemas executivos servem de mediadores entre as motivações subjectivas e os esquemas cognitivos. Têm, ainda, a função de controlar e planificar os procedimentos ou actuações necessárias para alcançar um determinado objectivo desejado. Frequentemente estes três tipos de esquemas desenvolvem esforços de coordenação entre si, promovendo as sequências organizadas de acção cognitiva que Pascual-Leone denomina por "operações". De igual forma, a coordenação estrutural das operações forma uma realidade mais complexa, similar às estruturas operatórias piagetianas, denominado "sistema operacional".

Outro conceito fundamental da teoria dos operadores constructivos refere-se ao *campo de activação*. Trata-se de um conjunto de esquemas que são activados por uma determinada situação. Neste sentido, a presença de determinados componentes estimuladores provocam a activação de uma série de esquemas. Nem todos os esquemas activados concorrem para influenciar o comportamento dos sujeitos, apenas aqueles que são dominantes ou possuem uma maior força assimiladora. Esta capacidade depende, essencialmente, do valor intrínseco inerente à activação de cada esquema, da natureza e enquadramento do estímulo e dos operadores meta-subjectivos que são mobilizados. Pascual-Leone denomina esta lei do funcionamento mental como o "princípio de sobredeterminação esquemática da actuação".

Os operadores ocultos são processos neurofisiológicos independentes que correspondem aos mecanismos reguladores da equilibração no organismo. Estes operadores actuam sobre os esquemas para proceder à sua modificação, embora não incidem directamente ao nível do comportamento dos indivíduos. Na edificação desta teoria consideraram-se, no início, sete operadores ocultos: A, B, M, I, F, L, e C (Pascual-Leone, 1970). O operador A representa os factores afectivos ou disposições orgânicas que podem afectar a capacidade assimiladora dos esquemas cognitivos, incluindo-se aqui impulsos instintivos, sentimentos, afectos e emoções. Este operador, juntamente com o operador B, que faz referência aos factores de personalidade, tem sido pouco estudado e abordado ao longo da literatura. O operador M (*mental energy*) funciona como uma memória de curto prazo ou como uma reserva de energia mental necessária para activar os esquemas internos (unidades representativas) que não são activadas por pistas externas ou por processos automáticos estabelecidos num determinado período de tempo (Johnson, Im-Bolter, & Pascual--Leone, 2003). Esta capacidade mental não é constante ao longo do desenvolvimento, aumentando quantitativamente cada dois anos, constituindo aquele que pode ser considerado o principal componente evolutivo do modelo (Johnson, Fabian, & Pascual-Leone, 1989; Kemps, de Rammelaere, & Desmet, 2000; Morra, Moizo, & Scopesi, 1988). De acordo com tais estimativas, o operador M, a partir dos 3 anos, vai aumentando uma unidade por cada dois anos que são acrescidos à idade precedente, ficando-se com uma capacidade limite de cerca de sete *chunks* por volta dos 15 anos de idade. A maturação na capacidade do operador reflecte-se em mudanças ao nível de melhorias no desempenho da linguagem, actividade motora e tomada de decisão (Stewart & Pascual-Leone, 1992). Segundo o autor, podemos conhecer a qualquer altura a capacidade máxima de M, sendo esta igual a $e + k$, onde e se define pela quantidade de energia atribuída à capacidade de atenção que seria alcançada durante o período sensório-motor, e passaria a ser uma constante a partir dessa fase da vida; k, pelo contrário, varia em função da idade e representa a quantidade de esquemas que o sujeito pode processar simultaneamente em cada momento ou sub-estádio. Desta forma, os sucessivos aumentos de M corresponderiam a cada um dos sub-estádios propostos por Piaget. Contudo, mesmo que todos os sujeitos de uma mesma idade possuam um mesmo operador M, e apesar do potencial aumentar de acordo com a maturação dos indivíduos, não podemos dizer que os sujeitos estejam sempre a utilizar o máximo potencial de M. Este crescimento quantitativo supõe a existência de processos psicológicos contínuos, os quais só se podem manifestar psicologicamente pela activação de novos esquemas. Tal como iremos abordar mais à frente no modelo de Case, este é um dos pontos de discórdia mais importantes entre o modelo de Pascual-Leone e Case. O primeiro tende a insistir nos factores de maturação, enquanto o segundo enfatiza os processos de aprendizagem.

O operador I representa a capacidade do sistema para inibir os esquemas irrelevantes ou incompatíveis. A sua acção é fundamental para que se consiga obter uma resposta adequada face a situações que suscitem o erro. A eficácia deste operador facilita o desenvolvimento dos esquemas executivos, sendo mais relevante essencialmente durante o segundo ano de cada sub-estádio. Por sua vez, os operadores C e L representam a aprendizagem. O primeiro supõe a incorporação de conteúdos provenientes da experiência física e a extracção das propriedades dos objectos (abstracção simples); o segundo provém da experiência lógico-matemática e resulta das acções exercidas sobre os objectos (abstracção reflexiva). Finalmente, o operador F incorpora uma tendência para minimizar a complexidade informativa e faz referência ao domínio dos afectos e dos factores figurativos. Como consequência, este operador explica a organização da percepção em função dos aspectos psicofísicos dos estímulos provenientes do meio, assim como do tipo de representação e do grau de coerência que lhe surge associada. Pascual-Leone postula que a influência de F aumenta com a experiência, essencialmente devido ao desenvolvimento das associações semânticas e pragmáticas que os indivíduos estabelecem dentro de si.

Numa formulação posterior do modelo de Pascual-Leone (Quadro 2.3), Arsalidou (2003) propõe-se a definir dez operadores ocultos: A, C, F, LC, T, S, I, M, LM, e E; através da subdivisão do operador L (passa a considerar dois tipos de aprendizagens lógico--estruturais: LC e LM), considera dois operadores novos (T e S) e elimina o operador B (factores de personalidade), pouco estudado e abordado na literatura.

Quadro 2.3 – Descrição dos operadores e sua localização no cérebro

Operador	Descrição	Área do Cérebro
A	Processos afectivos e motivacionais que actuam ao nível da atenção.	Lobos límbicos
C	Integra a aprendizagem dos conteúdos e os esquemas que resultam dos processos de aprendizagem.	Áreas primárias e secundárias de Broadmann
F	Encontra-se associado a todas as áreas do cérebro e é responsável pelos mecanismos gestálticos de fechamento.	Todas as áreas
LC	Aprendizagens lógico-estruturais automatizadas provenientes da actividade do operador C (resultante da prática deliberada).	Hemisfério direito
T	Sequências de esquemas temporários que facilitam a coordenação dos objectos distais.	Occipitotemporal
S	Coordena a relação entre esquemas activados e promove a emergência de esquemas espaciais.	Occipitoparietal
I	É o interruptor da atenção que inibe esquemas indesejados e activa os esquemas pretendidos.	Pré-frontal
M	Capacidade de atenção mental.	Pré-frontal
LM	Aprendizagens lógico-estruturais automatizadas provenientes da actividade do operador M (resultante da prática deliberada).	Hemisfério esquerdo
E	Esquemas de execução mobilizados face a situações concretas.	Pré-frontal

Por último, convém referir que apesar do esforço teórico realizado por Pascual-Leone na tentativa de operacionalizar e quantificar os estádios evolutivos propostos por Piaget, certo é que surgiram várias posições teóricas discordantes, assim como diversas críticas. Entre estas críticas podemos destacar: (i) dificuldade para operacionalizar num caso real aquilo que é uma unidade de capacidade, o que é que equivale a quê ou o que é que contém; (ii) dificuldade em definir quais os esquemas activados por cada operador; (iii) ausência de regras gerais, sendo intuitivo e subjectivo; (iv) algum sentido reducionista do modelo dada a reduzida importância das partes em detrimento do todo; e (v) não considera o aumento da velocidade de processamento (quanto maior a idade e a experiência, menor é o tempo necessário para identificar e processar um determinado estímulo).

O Modelo Estrutural-Processual de Case

Colaborador próximo de Pascual-Leone durante os primeiros anos da década de setenta, Case promove inicialmente um contributo substancial assente numa teoria bastante completa e estruturada que deu o título à sua obra *"Intellectual development: Birth to adulthood"* (1985). Convencido de que as teorias estruturais clássicas, como as teorias com enfoque piagetiano, apresentavam um bom poder explicativo do desenvolvimento cognitivo, sugere no entanto algumas lacunas quando se procura descrever adequadamente os processos responsáveis pela mudança, sendo estes melhor explicados nas teorias do processamento de informação. Case propõe-se, então, elaborar uma teoria estrutural-processual que reúna os aspectos positivos e desconsidere as limitações das teorias desenvolvimentistas anteriores.

Para Case, a metáfora de uma criança poderia ser a de alguém que procura solucionar os seus problemas através da formulação dos seus objectivos e metas que permitam o alcance desses mesmos objectivos. Por outro lado, a descrição do desenvolvimento supõe a utilização de instrumentos de análise e a determinação de uma(s) unidade(s) básica(s) mental(ais). Case adopta a *estratégia executiva* e a *estrutura de controlo executivo*. A primeira é "um procedimento ou plano mental para resolver uma classe concreta de tarefas" (Case, 1989, p. 94), enquanto isso, a segunda não é mais do que "uma impressão mental interna que representa a forma como o sujeito tende a construir e a lidar com um problema concreto, assim como, os procedimentos habitualmente utilizados na resolução do problema (Case, 1989, p. 102). Esta estrutura possui no mínimo três elementos diferenciados: *representação* do problema, *objectivos* a alcançar e *estratégias* para alcançar o objectivo.

Uma vez definida a unidade mental, o desenvolvimento resulta de uma integração hierárquica e progressiva destas unidades. Neste processo evolutivo existem dois aspectos fundamentais: por um lado, a formulação ou identificação dos estádios (dimensão estrutural) e, por outro lado, a descrição dos processos de transição (dimensão funcional). Para os primeiros, Case propõe a existência de quatro estádios: (i) sensório-motor (até aos 18 meses); (ii) relacional (de 18 meses a 5 anos); (iii) dimensional (de 5 a 11 anos); e (iv) vectorial (de 11 a 18 anos). Cada estádio caracteriza-se pela aparição de uma estrutura de ordem superior, resultante da coordenação de estruturas executivas de igual complexidade, embora, de função e forma interna diferente. Por seu lado, cada estádio apresenta vários sub-estádios que resultam da coordenação de estruturas executivas de complexidade, forma e funções iguais (consolidação operacional, coordenação operacional, coordenação bifocal e coordenação elaborada).

A passagem de um estádio para outro realiza-se por integração hierárquica, por forma que as características do estádio inferior não desapareçam, antes integram o estádio de nível superior. Este processo dinâmico do desenvolvimento cognitivo decorre da existência de uma série de processos reguladores que se desenvolvem naturalmente na criança, e que permitem a execução das seguintes tarefas: (i) resolução de problemas, quando o objecto não se pode alcançar por intermédio de uma sequência operacional, na qual as crianças mostram uma tendência natural para experienciar novas sequências operacionais; (ii) exploração, nas situações em que não se consegue prever os resultados, existe uma tendência natural para a curiosidade, através da activação de tarefas anteriores, e insistência na procura dos resultados desejáveis; (iii) imitação, as crianças mais pequenas não sabem quais as sequências operacionais que devem seguir, pelo que existe uma tendência natural para a observação e posterior imitação; e (iv) regulação mútua, adaptação activa das crianças e dos outros aos sentimentos, cognições e condutas de cada um, constituindo um fim em si mesmo ou um meio para um determinado fim (cooperação para a resolução de tarefas), destacando que cada pessoa interage com as outras e se influenciam mutuamente.

A teoria da integração hierárquica apresenta as suas vantagens e desvantagens explicativas. Entre as desvantagens temos que destacar a morosidade do desenvolvimento, a proposta do seu término pelos 15-18 anos e a sua similaridade com a curva de crescimento físico sugerindo a relevância dos factores de maturação.

Estas questões encontram resposta adequada na perspectiva do modelo bifactorial (experiência x maturação) proposto por Case. Assim, o autor integra no seu modelo um constructo maturacional denominado *espaço de processamento executivo*, que pode ser defendido como a quantidade máxima de esquemas que os sujeitos podem manter activos enquanto procuram alcançar uma determinada meta. Igualmente, denomina *espaço operativo* à proporção de espaço de processamento executivo que se dedica à activação de novos esquemas, definindo por *espaço de armazenamento a curto prazo* a proporção de espaço de processamento executivo que se dedica à manutenção e/ou recuperação de esquemas recentemente activados. Por outro lado, propõe que ao longo da maturação não existe crescimento no desenvolvimento do espaço de armazenamento, senão que com a prática a informação rotineira exige um menor espaço de manipulação operativa, deixando mais espaço para o armazenamento de mais informação. Case assume o modelo bifactorial e considera o processo de mielinização um factor maturativo muito importante, já que os ciclos de desenvolvimento deste processo de mielinização parecem coincidir temporalmente com os estádios de desenvolvimento cognitivo referidos atrás.

Corrente sócio-cognitiva do desenvolvimento cognitivo

Grande parte das primeiras correntes psicológicas que estudam o desenvolvimento humano tendem a encará-lo como um fenómeno individual. Esta perspectiva foi defendida por Piaget, o qual, apesar de aceitar diferentes factores de desenvolvimento, considera que este mesmo desenvolvimento da inteligência se associa de perto a um processo interno de equilibração. Contra esta concepção amplamente difundida desde meados dos anos setenta, um grupo de investigadores da Escola de Genebra, discípulos de Piaget, integram uma corrente sócio-cognitiva do desenvolvimento (Doise, Mugny e Perret-Clermont, entre outros) apoiada nos trabalhos de Vygotsky. Para estes autores, a inteligência não é somente uma propriedade individual, mas também um processo relacional entre o indivíduo e os outros, que constroem e organizam colectivamente as suas acções sobre o meio ambiente físico e social. Estes autores postulam que a inteligência se constrói nas relações inter-individuais que se estabelecem em situações sociais específicas (Mugny & Doise, 1983b; Mugny & Pérez, 1991; Perret-Clermont, 1984).

Para sustentar esta tese desenvolvimentista, os autores propõem quatro conceitos: interacção social, constructivismo social, conflito sócio-cognitivo e *marquage* social. Falando em *"interacção social"*, se para Piaget a interacção traduzia a relação do indivíduo com a realidade (objecto), para estes autores, tal interacção só ganha propriedades do desenvolvimento enquanto mediatizadas pela relação do sujeito com os outros. A causalidade atribuída pela interacção social não é unidireccional mas circular e espiral, ou seja, as interacções sociais possibilitam melhores coordenações individuais e estas, por sua vez, permitem uma participação mais activa do sujeito noutras interacções sociais. Ao referirem-se ao *"constructivismo social"*, os autores mostram-se preocupados em especificar que não se trata de simples apresentação de modelos e a sua consequente imitação enquanto fonte de desenvolvimento, assumindo-os como fundamento do desenvolvimento cognoscitivo enquanto actividade social reflectida em acções e juízos sociais que, ao diferirem entre si, tornam necessário um processo de equilibração. Neste sentido, torna-se claro uma forte associação ao conceito de desenvolvimento de Piaget, que os leva a privilegiar o aspecto estruturalista em detrimento do constructivista. A sua proposta de constructivismo prende-se com a referência do modelo às estruturas cognoscitivas do sujeito. A necessidade de um equilíbrio de carácter social na formação de estruturas cognoscitivas conduz o indivíduo ao *"conflito sócio-cognitivo"*. *Neste aspecto*, os autores formulam a hipótese segundo a qual um processo fundamental da interacção é aquele que suscita um conflito entre centrações opostas que implicam, para a sua resolução, a elaboração de sistemas que podem coordenar diferentes acções (Mugny, Doise, & Perret-Clermont, 1976; Mugny, Giroud, & Doise, 1979). Nesta categoria os autores tomam como base o modelo de equilibração piagetiano, segundo o qual a perturbação num estado psicológico permite o acesso a um nível de equilíbrio superior. No caso da existência de um conflito sócio-cognitivo, a perturbação ocorre quando se introduz uma centração oposta à da criança, sendo o conflito convertido não só em algo cognoscitivo, mas também de índole social.

Para que se dê o conflito sócio-cognitivo são necessárias duas condições: uma competência mínima do individuo, tanto a nível da interacção social, como ao nível cognoscitivo, por forma que a estrutura de interacções não implique um esquema de autoridade, mas, pelo contrário, favoreça as relações de cooperação. Especificando um pouco mais, a resolução do conflito sócio-cognitivo pode dever-se a regulações de carácter relacional ou sócio-cognitivo. A primeira é meramente superficial, não implica um trabalho cognitivo real e surge por complacência ou por dependência unilateral. A segunda define-se pela elaboração cognoscitiva, consistindo numa coordenação de centrações opostas. Esta última categoria mostra-se mais consistente, apresentando capacidade explicativa e potencialidade heurística, e constituindo-se como um prolongamento dos trabalhos de Piaget. Os autores para definir o vínculo entre as relações sociais e a elaboração cognitiva propõem o conceito de *"marquage social"*, o que torna evidente a relação das características dos objectos numa situação social específica. As características de uma relação social numa situação específica dependem das normas e representações pré-existentes, pelo que é necessário tomá-las em devida conta quando analisamos a intervenção causal das regulações sociais ao nível do desenvolvimento cognitivo.

Sem intenção de menosprezar o trabalho teórico destes autores, importa precisar que estamos longe de tomar esta teoria como paradigma do que podemos denominar por constructivismo social, pese embora a sua teoria do conflito sócio-cognitivo possa encaixar perfeitamente em qualquer proposta que sirva esses intentos. Os contributos destes autores para a concepção de programas de treino cognitivo na infância são relevantes, ao mesmo tempo que a importância do "outro" que postulam para o desenvolvimento cognitivo tem grandes aplicações, ao nível da educação e do ensino. Algumas práticas pedagógicas assumem-no na organização de aprendizagens significativas no seio do currículo escolar, recorrendo por exemplo a díades e a tríades de alunos com diferentes níveis de conhecimento dos conceitos a aprender.

Outras explicações para o processo de desenvolvimento

Uma das críticas ao modelo teórico de Piaget assenta na importância atribuída aos mecanismos internos de equilibração enquanto motor do desenvolvimento. Vários autores, tomando elementos teóricos cognitivistas ou do processamento da informação, esboçaram concepções teóricas alternativas quanto à explicação do processo de desenvolvimento.

Em 1980, Fischer apresentou as ideias mestras da sua teoria como uma resposta a duas classes de dados referentes aos estádios: as sequências do desenvolvimento conductual e os sincronismos entre diferentes comportamentos ao longo do desenvolvimento. Duas ideias fundamentais estruturam a teoria das aptidões: o conceito de nível óptimo e o processo de aquisição das aptidões (Fischer & Lamborn, 1989; Fischer

& Silvern, 1985). Enquanto que o primeiro se refere a um conceito que combina o organismo e o meio para explicar mudanças gerais no desenvolvimento, indicando o limite superior da capacidade de processamento de informação de uma pessoa ou o tipo mais complexo de aptidão que uma pessoa possa controlar. Assim, o nível óptimo desenvolve-se com a idade, sugerindo a teoria dez níveis evolutivos organizados hierarquicamente em quatro ciclos: reflexos, acções sensório-motoras, representações e abstracções. Em oposição, os processos de aquisição de aptidões determinam como se constroem essas aptidões ou como se passa de uma aptidão para outra mais complexa, utilizando para tal um conjunto de regras de transformação. A substituição, a centração, a combinação e a diferenciação são as regras que predizem os pesos que se produzem dentro de um nível evolutivo; a interconexão, é a quinta regra, que permite um avanço para o próximo nível evolutivo. Ao contrário de Piaget, não existe um percurso único por onde evoluem todas as crianças ao longo do seu desenvolvimento. Pelo contrário, a presença de aptidões específicas pressupõe diferentes vias. Neste sentido, as diferenças contextuais e pessoais conduzem a variações evolutivas, e apenas ao nível de uma análise global do desenvolvimento podemos encontrar alguns pontos de paralelismo.

Siegler (1981, 1995, 2002) procurou salientar os precedentes evolutivos inerentes à resolução das tarefas, muitas das quais tinham sido introduzidas na investigação psicológica por Piaget. A intenção de Siegler consistiu em realizar uma análise detalhada da conduta das crianças e estabelecer uma sequência precisa das alterações graduais verificadas na resolução de tarefas. Siegler é da opinião que o conhecimento das crianças é regulado por regras, aplicando o seu método de avaliação de regras para explicar a actuação das crianças quando se debatem com diferentes tarefas. No que diz respeito ao processo de avaliação das regras, estas baseiam-se essencialmente em suposições importantes: (i) a regra é a unidade básica e útil para caracterizar o conhecimento infantil, de modo a que o desenvolvimento conceptual apareceria como uma sequência ordenada de regras que se tornam cada vez mais sofisticadas com o evoluir da idade, e (ii) o melhor meio para validar esta progressão de regras consiste em criar situações ou problemas que despoletem diferentes tipos de comportamentos. De uma forma geral, pretende-se precisar regras que entram em jogo na realização de uma tarefa concreta e, do ponto de vista evolutivo procura-se determinar aquelas regras que são utilizadas mais frequentemente por diferentes grupos etários, esperando-se que estas aumentem em complexidade à medida em que se avança na idade. O modelo de Siegler destaca o papel restritivo dos conhecimentos prévios e a importância da codificação na aquisição dos conhecimentos, neste sentido, o conhecimento não se adquire de forma passiva, mas é construído e desenvolvido de forma activa.

Demetriou, Platsidou, Efklides, Metallidou e Shayer (1991) elaboraram um modelo integrador para explicar tanto a arquitectura como o desenvolvimento da mente. Do ponto de vista da arquitectura, o modelo proposto engloba três níveis: um sistema central (*hardware*), um sistema executivo geral (*software*), denominado por sistema hipercognitivo, e sete esferas de capacidades especializadas (ECE), caracterizadas por linhas de desenvolvimento específicas e compostas por níveis especializados de operações, símbolos e procedimentos próprios (Demetriou et al., 1991, Demetriou, Platsidou, Efklides, Metallidou, & Shayer, 1993, Demetriou, Platsidou, Efklides, Metallidou, & Shayer, 2002; Efklides, Demetriou, & Metallidou, 1994)

O sistema central caracteriza-se por elementos cognitivos relacionados com a capacidade que o ser humano possui para processar, coordenar e executar a informação proveniente do meio externo e interno. Este sistema integra as aptidões de controlo de processamento, velocidade de processamento, memória a curto prazo e memória de trabalho. Por seu lado, o sistema hipercognitivo é um sistema que controla as esferas de capacidades especializadas. Se o sistema central delimita a capacidade de processamento, o sistema hipercognitivo delimita a capacidade metacognitiva, coordenando a maneira como esses sistemas são activados e como esses sistemas são coordenados para a realização de qualquer problema. O sistema hipercognitivo mapeia os outros sistemas presentes na estrutura, possibilitando que o ser humano seja capaz de construir uma teoria da mente e uma teoria sobre o seu próprio funcionamento interno. Basicamente, esse sistema executivo refere-se às habilidades cognitivas de automonitoramento e auto-regulação consciente do raciocínio e do pensamento. Por último, Demetriou e seus colaboradores definem as esferas de capacidades especializadas, em número de sete (sistema de pensamento: categórico, quantitativo, causal, espacial, proposicional, social-interpessoal e esquemático-pictográfico) como sistemas voltados para a interacção com o mundo, e são os componentes dependentes de contextos e domínios específicos.

Através da utilização de modelos de equações estruturais, Demetriou e colaboradores (2002) concluíram que os vários sistemas da inteligência possuíam especificidades particulares de desenvolvimento. De uma forma geral, os autores defendem que determinadas aptidões de um sistema especializado afectam o surgimento e o desenvolvimento de outras aptidões dentro do mesmo sistema. Segundo Demetriou e Raftopoulos (1999) existem três tipos possíveis de mudança na mente: (i) mudanças dentro das estruturas individuais, ou seja, mudanças no interior de uma mesma esfera de capacidades especializadas; (ii) mudanças entre estruturas dentro de um mesmo nível hierárquico, ou seja, mudanças de elementos de uma estrutura em um elemento pertencente a outra estrutura, e (iii) mudanças nas relações entre os três níveis hierárquicos da arquitectura da mente. Por exemplo, a ampliação da velocidade de processamento, o aumento de controlo de processamento ou o aumento da memória de trabalho afectam positivamente várias das esferas de capacidades especializadas.

De uma forma geral, e de acordo com a teoria de Demetriou e colaboradores, a inteligência não é somente constituída por aptidões gerais e específicas, mas, acima de tudo, as aptidões específicas provocam um efeito no desenvolvimento das aptidões gerais e vice-versa (Demetriou et al., 2002). Ao constatar esse efeito, os estudos de Demetriou demonstram que é possível provocar o desenvolvimento de habilidades específicas e, ao mesmo tempo, provocar uma alteração global da estrutura cognitiva.

Defensores de um 5º estádio pós-formal

Para compreender as formas de pensamento adulto e o seu desenvolvimento através das experiências que vão sendo adquiridas ao longo da vida, alguns autores neopiagetianos defendem a insuficiência das estruturas lógico-formais para explicar as capacidades cognitivas adultas e estabelecem uma quinta etapa no desenvolvimento cognitivo: a etapa das operações dialécticas (Labouvie-Vief, 1992; Marchand, 2002; Riegel, 1976). Estes autores procuram explicar que o desenvolvimento cognitivo do adulto não termina com as operações formais, tal como fora defendido por Piaget, mas que existe um desenvolvimento que se estende ao longo da vida.

Segundo Riegel (1976), o desequilíbrio dialéctico que existe entre o eu e a sociedade, supõe para a pessoa adulta uma fonte importante de progresso intelectual que lhe permite alcançar a fase das operações dialécticas. Piaget defendia que o desenvolvimento adulto tendia para a obtenção de um equilíbrio cognoscitivo através dos diferentes processos e estruturas; pelo contrário, para estes autores neopiagetianos, o pensamento adulto fundamenta a sua especificidade na contradição e na mudança. Ou seja, uma pessoa adulta possui um desenvolvimento que não se encontra necessariamente dirigido para uma busca de equilíbrio, mas que se sabe mover entre contradições, incertezas e mudanças.

O pensamento no estádio das operações dialécticas caracteriza-se pelo facto de ser possível fazer um retrocesso a operações intelectuais anteriores como forma de serem integradas em formas de pensamento mais avançadas. Piaget defendia que uma vez superado um estádio, não era possível voltar a utilizar as operações cognitivas utilizadas nesse estádio antigo, o que representava uma impossibilidade para regredir a fases de evolução anteriores. Os neopiagetianos, pelo contrário, apostam num modelo de pensamento menos rígido e mais flexível, no qual, uma vez aprendida uma operação, a pessoa pode voltar a utilizá-la quando a considerar pertinente, integrando-a na sua estrutura de pensamento actual. Esta regressão facilita a flexibilidade e, desta forma, o pensamento dialéctico adopta diferentes níveis segundo as circunstâncias da pessoa, ou seja, em função da situação em que o indivíduo se encontra.

Existe a suposição de que a maturidade do pensamento, encontra-se na fase das operações dialécticas, e que este não só consegue utilizar o raciocínio lógico-racional (com tudo aquilo que ele pressupõe, ou seja, a dedução lógica, objectiva e impessoal), como segundo Riegel (1976), as execuções inteligentes podem ser afectadas por dimensões subjectivas, interpessoais e não racionais, ou seja, verifica-se uma forte influência do domínio das emoções. Nesta linha, Labouvie-Vief (1992) afirma que uma das características do pensamento pós-formal, que não se encontra no pensamento adolescente, é a existência de uma forma mais integrada de autorregulação. Segundo este autor, existe uma relação entre o desenvolvimento cognitivo e o emocional que vai aumentando em complexidade ao longo da vida, dando lugar a uma linguagem emocional mais rica, que integra dualismos e na qual também resulta uma maior diferenciação das emoções.

Alguns autores, incidindo em alunos universitários, aludem também ao desenvolvimento de estruturas cognitivas posteriores ao estádio formal. Segundo Perry (1999), o desenvolvimento intelectual do jovem-adulto universitário ocorre através de uma sequência universal de "formas" a partir das quais os estudantes vão, progressivamente, complexificando a sua forma de ver e interpretar o mundo. Mesmo especificando nove níveis ou posições nessa sequência, os mesmos podem agrupar-se em três grandes estádios: dualismo (dificuldade do jovem se descentrar dos factos e em assumir a contradição), relativismo (o jovem consegue aceitar a contradição, os pró e contras, e o relativismo das teorias e posicionamentos) e compromisso no relativismo (o jovem formula projectos pessoais, crenças e valores aceitando o relativismo de tais realidades). Na mesma linha, King e Kitchner (1994) descrevem o desenvolvimento da cognição epistémica no jovem-adulto, ou seja, a progressão cognitiva para compreender e aceitar a incerteza do real e do conhecimento, mencionando também três escalões (pensamento pré-reflexivo, pensamento quasi-reflexivo, e pensamento reflexivo), com um significado muito próximo aos três estádios sequenciais de Perry. Segundo Marchand (2002), o último estádio ou fase traduz a capacidade do estudante em tomar consciência da natureza relativa do conhecimento, em aceitar a contradição como característica estrutural do real e em conseguir integrar a contradição num todo dialético. As teorias neopiagetianas transportam consigo o acumular de um conjunto de paradigmas e abordagens que acarretam outros tantos pontos positivos e negativos, mas que procuram igualmente trazer um contributo válido na explicação da génese e desenvolvimento da inteligência.

Considerações finais

Ao longo deste capítulo, apresentámos as teorias descritivas do desenvolvimento da inteligência. Concentrámo-nos primeiro nos contributos importantes de Jean Piaget, que descobriu e descreveu um padrão universal do crescimento intelectual, desde o nascimento até ao final da adolescência. Na continuação, abordámos a teoria sócio-cultural de Vygotsky. Para este autor, o desenvolvimento cognoscitivo remete para a influência da cultura, o que pode tornar a descrição do desenvolvimento não tão universal como fora defendido por Piaget. Finalmente, referenciámos algumas posições denominadas neopiagetianas que sugerem mudanças diversas nos pressupostos básicos no modelo de desenvolvimento da teoria piagetiana. Em nossa opinião, estes contributos introduziram novas configurações e, sobretudo, explicações alternativas do próprio processo e factores do desenvolvimento, no entanto mantiveram os postulados fundamentais subjacentes à matriz inicial da teoria.

Nenhum teórico conseguiu enriquecer tanto o nosso conhecimento do pensamento infantil como Jean Piaget. Tomando a inteligência como função adaptativa do organismo ao ambiente, Piaget sugere que a criança não poderá conhecer algo se não construir ela mesma o seu próprio conhecimento, a criança não complexifica as suas estruturas cognitivas se não agir em consonância. A imagem de construção revelou-se crucial para Piaget. A criança seria um pequeno *problem solver*, a testar constantemente estratégias e experiências numa tentativa de dar sentido ao mundo (Gardner et al., 1996). Em reacção à psicometria reinante, Piaget procurou a comunalidade cognitiva existente nos indivíduos em determinadas faixas etárias e foi, assim, capaz de chegar a uma teoria bastante completa e explicativa da formação e do desenvolvimento das estruturas operatórias descritivas da inteligência na infância e adolescência.

Também por causa do mérito pioneiro de Piaget, algumas das suas ideias sofrem contestação no presente. Ilustrámos neste capítulo, as reacções contrárias ao papel do mecanismo interno de equilibração, entendido por Piaget como o factor determinante do desenvolvimento; mencionámos a relativa ausência do "outro" na mediação da interacção do "sujeito-objecto"; e comentámos que a delimitação do desenvolvimento da inteligência às operações lógico-formais no final da adolescência não parece atender às formas dialécticas de pensamento do jovem-adulto e adulto.

Parecendo assumir uma perspectiva maturacionista do desenvolvimento da inteligência, Piaget deu insuficiente atenção ao contexto sócio-cultural. Daí que uma das principais questões levantadas à sua teoria decorra dos trabalhos de Lev Vygotsky e da sua perspectiva sócio-cultural salientando a importância dos processos sociais. Vygostky refere-se a inteligência como uma construção social, nomeadamente através da cooperação com os outros (construção objectivada através da linguagem, dos princípios sociais ou dos procedimentos de resolução de problemas). A inteligência não é, então, uma característica separada do contexto social, mais ainda *"the very mechanism underlying higher mental functions is a copy from social interaction; all higher mental functions are inter-*

nalised social relationships" (Vygotsky, 1981, p. 161). A mente das crianças desenvolve-se à medida que vai adquirindo novas formas de pensar rentabilizando a imitação, o diálogo e a interacção cooperativa com os adultos mais experientes. Assim, poder-se-ia concluir que as regras básicas do raciocínio decorrem dos padrões de interacção social em primeiro lugar e, só depois, das "cabeças" dos sujeitos. Primeiro serão "interpsicológicas" e só mais tarde "intrapsicológicas", sendo este aspecto valorizado pelos teóricos do conflito sócio-cognitivo e dos autores que salientam as interacções "eu-outro" no desenvolvimento da inteligência. Neste sentido, Vygotsky deu-nos um importante contributo ao enfatizar que o desenvolvimento cognitivo possui uma melhor plataforma de entendimento quando remetido para o contexto sócio-cultural onde este ocorre.

As teorias de Piaget e Vygotsky continuam a ser a nossa primeira fonte de informação sobre o desenvolvimento da inteligência. Apesar disso, alguns autores neopiagetianos como Pascual-Leone e Case, numa proposta de conjugação e integração dos postulados piagetianos com as teorias do processamento da informação, forneceram explicações interessantes e alternativas nalguns casos – para os desfasamentos encontrados, possibilitaram leituras funcionais e base empírica para alguns dos principais princípios e fundamentos do processo de desenvolvimento da inteligência.

Na realidade, a teoria dos operadores constructivos veio trazer uma nova abordagem às teorias de desenvolvimento, suprimindo algumas questões que entretanto tinham ficado por explicar na teoria de Piaget. A teoria desenvolve o conceito de dialéctica associando-o a um processo interno de competição entre esquemas e estruturas ligadas aos vários níveis do desenvolvimento. A dialéctica surge igualmente nas forças externas e resistências que são internalizadas através da experiência e consequentemente traduzidas em esquemas e estruturas de aprendizagem. Os neopiagetianos reformularam, ainda, o conceito piagetiano de construtivismo, tornando-o menos redutor ao argumentarem que a realidade experienciada não resulta somente da interacção com a envolvente externa, mas que os indivíduos mobilizam uma série de recursos provenientes de esquemas dependentes do contexto e do nível de maturação dos operadores mentais. Estes operadores permitem entender o desenvolvimento da inteligência como uma complexidade crescente de esquemas operativos inerentes à forma como o sujeito atende e percepciona a informação, e como a armazena e recupera.

CAPÍTULO 3
ABORDAGEM COGNITIVISTA

Introdução

Os primeiros estudos científicos em torno das temáticas da inteligência e das diferenças individuais apresentaram uma base eminentemente cognitivista que surge espelhada, por exemplo, nos trabalhos de Ebbinghaus (1896-1897). Todavia, com o rápido crescimento dos métodos estatísticos e o desenvolvimento dos testes, assistiu-se à emergência de uma leitura mais correlacional e factorialista da inteligência. Estava-se a viver o apogeu da psicometria que viria a ter uma grande influência na primeira metade do século XX (Wilhelm & Engle, 2005).

A partir da década de 50 do século passado começaram a surgir alguns focos de descontentamento com o behaviorismo e a psicometria, os quais tomando como referência o tratamento da informação pelos computadores, alteraram o enfoque no estudo da inteligência (Bruning, Schaw, & Ronning, 1995; Newell & Simon, 1972; Weinstein & Mayer, 1985). Se os computadores realizam tarefas como, por exemplo, aprender, armazenar, manipular e recordar informação, então é possível que um processo mental possa ser mais compreensível comparando-o com as operações executadas por um computador (Matlin, 1989). Também a divulgação da teoria desenvolvimentista de Piaget nos Estados Unidos, e a referência explícita a esquemas e a processos cognitivos por oposição aos traços mentais, pode apontar-se como novo factor explicativo da mudança de perspectiva no estudo da inteligência.

Desde então começamos a ter uma percepção cada vez mais clara de que grande parte da variância associada às diferenças individuais da inteligência nos remete para processos cognitivos mais ou menos complexos (Conway, 2005). Apesar de termos assistido a uma crescente preocupação do estudo da cognição humana e das suas implicações ao nível da inteligência, em todos os trabalhos encontramos uma matriz mais ou menos unânime: a inexistência de um modelo teórico consensual. Para vários autores, o domínio da cognição é um campo onde muita informação permanece inexplicada.

Conscientes dessa realidade, ao longo deste capítulo, procuraremos acima de tudo apresentar os mecanismos cognitivos e as áreas da cognição que melhor contribuem para uma explicação do funcionamento das diferenças individuais na inteligência. Empreenderemos esforços para apresentar, sobretudo, uma definição de inteligência que tenha como base os processos cognitivos e as bases neurológicas que a suportam. É ainda nosso intuito apresentar uma abordagem mais centrada nos processos do que nos produtos cognitivos. Destacamos, assim, uma abordagem que vai para além da psicometria, cujas metodologias de análise mais correlacionais incorreram muitas vezes no erro de generalizar domínios complexos da cognição e de aceitar desempenhos como reflexos puro e simples da inteligência. Uma correlação muito elevada entre uma tarefa simples, como os tempos de reacção, e a inteligência não significa que g seja a mesma coisa que tempos de reacção. Pelo contrário, neste processo estão envolvidas actividades cognitivas complexas como atenção, compreensão e velocidade perceptiva, entre tantas outras variáveis cognitivas, do conhecimento e motivacionais ignoradas.

Correlatos fisiológicos da inteligência

A procura de uma ligação entre o sistema nervoso e a inteligência dos indivíduos tem sido permanente por parte de um bom número de investigadores nesta área. Por diversas formas e tomando diferentes tipos de indicadores, uma preocupação aparece comum a todos eles: atingir e descrever uma inteligência dita "fisiológica", em sua opinião a própria essência da inteligência. Analisaremos, assim, os contributos destes autores procurando aprofundar, sobretudo, os que assumem uma ligação entre zonas cerebrais e determinadas funções cognitivas ou tipos específicos de tratamento da informação.

De acordo com Conway (2005), as novas teorias da inteligência encontrarão suporte e apoio não só na tentativa de identificação dos mecanismos cognitivos, mas também conhecimentos decorrentes das neurociências. Esse crescente aumento de estudos neurológicos a propósito da cognição só foi possível porque, ao longo dos últimos anos tem-se verificado um desenvolvimento das técnicas utilizadas no estudo do funcionamento do cérebro (Quadro 3.1).

Quadro 3.1 – Técnicas de estudo das bases fisiológicas da inteligência

Técnica	Descrição
Potenciais Evocados	Técnica de registo da actividade eléctrica do cérebro através da aplicação de eléctrodos em pontos específicos do couro cabeludo. Os eléctrodos são muito sensíveis e conseguem detectar actividade eléctrica, normalmente conhecidas como ondas cerebrais. Os potenciais evocados medem o tempo que o cérebro necessita para receber e interpretar as mensagens e registam as mudanças na actividade em função de um ou vários estímulos (Anderson, 1992).
Electroencefalograma	Nesta técnica também existe colocação de eléctrodos, os quais emitem distintas bandas de frequência eléctrica em função dos diferentes registos de actividade cerebral (Mackintosh, 1998).
Tomografia Axial Computorizada	Permite uma imagem do cérebro através de 9 a 12 linhas de corte, cada uma possuindo diferentes níveis de profundidade. Esta metodologia reconhece as diferentes estruturas do cérebro em função das diversas densidades verificadas nos tecidos que o integram. Com estas diferentes densidades, a TAC recolhe "fatias" do interior do cérebro, dando imagens neuroanatómicas que servirão depois para análise das áreas de inteligência utilizadas na resolução de uma tarefa.
Ressonância Magnética	Os sujeitos são colocados (na horizontal) dentro de uma câmara que apresenta a forma de uma estrutura tubular. Esta estrutura integra um campo magnético muito forte e que emite ondas de rádio na direcção da cabeça. Os computadores limitam-se a fazer uma leitura do alinhamento dos átomos de hidrogénio de forma a produzir imagens tridimensionais da estrutura do cérebro analisada.

Técnica	Descrição
Tomografia da Emissão de Positrões	Trata-se de uma técnica que consiste na injecção de compostos radiactivos (rádio-isótopos de carbono, nitrogénio, oxigénio ou flúor). Esses compostos emitem radiação gama que é detectada por aparelhos que medem o fluxo da corrente sanguínea no cérebro. Existe depois uma reconstrução eléctrica das imagens captadas do fluxo de sangue no cérebro e que fornecem dados gráficos das áreas mais activas num determinado período de tempo. Esta técnica tem como base um princípio de que, quanto mais activa estiver uma determinada área do cérebro, maior a actividade cerebral e o consequente consumo de glicose existente na corrente sanguínea (Galotti, 2004).

Para ilustrar o conteúdo das pesquisas mais biologizantes ao nosso entendimento da inteligência, descrevemos o modelo neuropsicológico do funcionamento pré-frontal e do controlo cognitivo (Miller & Cohen, 2001). Trata-se de um modelo integrado, que enfatiza a principal função do Córtex Pré-frontal (CPF) ao nível dos processos de controlo de respostas sensoriais e motoras, as quais surgem em reacção aos estímulos provenientes do meio. Depreende-se, assim, que o controlo cognitivo é mediado por uma conexão entre o CPF e as áreas sensoriais, límbicas e o córtex motor, inferindo-se que existe uma selecção de estímulos mediada pelo CPF. De acordo com esta teoria, se estivermos à espera de um familiar que chega num "carro branco", o nosso cérebro mobiliza todos os neurónios associados ao estímulo "carro" e cor "branca" (atenuando os restantes). Esse mecanismo de controlo (atenção selectiva) actua sobre os neurónios responsáveis pelos *inputs* sensoriais/emocionais e os *outputs* ou respostas, as quais podem ser avaliadas por processos cognitivos diversificados.

De acordo com esta abordagem, o CPF é um domínio importante da cognição, encontrando-se relacionado com áreas cognitivas como a atenção, tomada de decisão, percepção ou memória, entre outras. Este modelo vem na linha de outros estudos anteriores (e.g., Lezak, 1983; Luria, 1966; Shallice & Burgess, 1991), segundo os quais, lesões no CPF reflectem dificuldades na realização de tarefas cognitivas mais complexas e actividades normais do quotidiano. Todavia, outras investigações parecem ainda revelar um paradoxo ao mostrar que pacientes com lesões no CPF apresentam valores normais nos tradicionais testes de QI (e.g., Eslinger & Damasio, 1985; Kolb & Whishaw, 1996). Para Kane

(2005), não se pode fazer uma interpretação linear dos resultados em virtude desses estudos não apresentarem medidas de QI prévias à lesão. Para além disso, as investigações incidem normalmente sobre idosos que foram submetidos a cirurgia de remoção de tumores no cérebro. Partindo desse princípio, estamos a falar de indivíduos que já sofreram grandes danos cerebrais, não somente motivados pela lesão no CPF, mas também pelo processo de morbilidade normal associado à idade. Por outro lado, as lesões no cérebro são muito difusas e abarcam várias áreas, sendo difícil estabelecer relações causa-efeito entre áreas específicas e resultados nos testes de QI.

Os pressupostos teóricos do modelo de Miller e Cohen (2001) parecem encontrar algum consenso na literatura (Duncan, Burgess, & Emslie, 1995), uma vez que têm surgido fortes evidências de que os lobos frontais se encontram mais associados à inteligência fluida, sendo responsabilizados por grande parte das relações abstractas utilizadas ao nível da resolução de problemas e do raciocínio (Waltz, Knowlton, Hoyoak et al., 1999), bem como na execução de operações cognitivas específicas como memorização, metacognição e aprendizagem (Tirapu-Ustárroz & Muñoz-Céspedes, 2005). Sendo assim, o CPF que integra a parte frontal do lobo frontal (Figura 3.1) controla as actividades puramente cognitivas como a memoria de trabalho, atenção selectiva, formação de conceitos e flexibilidade cognitiva, actividades fortemente correlacionadas com a inteligência.

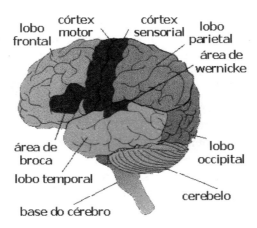

Figura 3.1 – Representação das diversas áreas do cérebro

Dentro do CPF existem dois circuitos funcionais muito importantes: o circuito ventromedial e o circuito anterior (Fletcher & Henson, 2001). Enquanto que o primeiro processa os sinais emocionais que orientam a tomada de decisão face aos objectivos (baseia-se nos juízos sociais e éticos, por exemplo), o circuito anterior associa-se aos processos de manutenção da informação, manipulação, verificação e selecção de objectivos, sendo ainda responsável pelo controlo da acção, organização temporal do comportamento, sequenciação, abstracção, pensamento conceptual, criatividade, raciocínio e flexibilidade cognitiva (Rose & Colombo, 2005). Os procedimentos de manutenção, manipulação, controlo e sequenciação podem facilmente ser associados às capacidades da memória de trabalho (MT). Neste particular, a investigação no campo da memória e da neuropsicologia tem apontado correlações interessantes entre o desempenho em testes de inteligência fluida e os descritores da MT, em particular as medidas do controlo activo e voluntário dos processos de atenção. Tais processos são cada vez mais assumidos como decisivos para se organizar a actividade mental ao longo da resolução dos problemas, integrando aquilo que vem sendo assumido por "executivo central".

Vários estudos (Bjork & Healy, 1974; Marshuetz, 2005) demonstram que a informação relacionada com a ordem (manipulação) e o conteúdo dos itens (armazenamento) se encontra armazenada em partes diferentes do cérebro. Investigações conduzidas com recurso a técnicas de neuroimagem (e.g., Zhang, Simos, Ishibashi et al., 2003) revelam que os processos de manipulação e armazenamento desenvolvem-se tanto ao nível das regiões pré-frontais como parietais, mas apresentado registos diferenciados nas áreas dorsais e ventrolaterais. Perante essas evidências, importa referir que a área ventrolateral surge como grande responsável pelas actividades de localização e pelos processos de manutenção e armazenamento; enquanto isso, a área dorsolateral remete para a organização estratégica dos conteúdos na MT.

Numa outra experiência realizada por Sternberg (1966) é possível observar que as áreas do cérebro se encontram interligadas e que, mais uma vez, o CPF dorsolateral desempenha uma importante missão na codificação e manipulação da informação. Num processo para memorização de apenas três letras, constata-se que o CPF ventrolateral esquerdo é activado. Quando se aumenta a carga para seis letras, a informação passa a ser processada no CPF dorsolateral. Também indivíduos com fraco desempenho em MT apresentam aumentos mínimos de activação no CPF dorsolateral (Rypma, Berger, & D'Esposito, 2002), sugerindo-se a importância desta área no processamento de algumas actividades mais complexas ao nível da memória.

Apesar da pertinência dos argumentos de Kane (2005) em torno do centralismo da inteligência no CPF, alguns contributos teóricos (Colom, Jung, & Haier, 2006; Rypma et al., 2002; Sternberg, 1966) demonstram que as aptidões ou facetas importantes da cognição funcionam em diferentes áreas do cérebro (lobos parietais, occipital, temporal e frontal). Estas investigações rejeitam a tese de que os domínios gerais da inteligência se encontram somente associados às áreas frontais do cérebro. Tomando esses argumentos, parece haver alguma evidência científica para a possibilidade de pacientes com lesões nos lobos frontais apresentarem QI's normais quando a avaliação incide em testes fortemente saturados em inteligência cristalizada *(gc)*, como é o exemplo de alguns subtestes da componente verbal das escalas de Wechsler. Neste tipo de provas, quando as lesões incidem em áreas posteriores do cérebro, assiste-se a uma diminuição dos valores do QI (Kolb & Whishaw, 1996).

Infere-se, assim, que os lobos frontais se encontram mais associados à inteligência fluida *(gf)* do que propriamente à inteligência cristalizada *(gc)*, encontrando-se esta mais correlacionada com as áreas posteriores do cérebro (Duncan et al., 1995). As áreas posteriores, embora conotadas com funções de execução motora, parecem exercer também um importante papel no desempenho de tarefas relacionadas com a inteligência cristalizada *(gc)*.

Procurando ir um pouco além das medidas puramente cognitivas da inteligência, Jaušovec e Jaušovec (2005) demonstraram que o funcionamento cerebral em tarefas de inteligência verbais e não verbais remete para áreas diferentes das estruturas que são activadas aquando da realização de tarefas mais relacionada com a inteligência emocional. Estes estudos levam-nos a concluir que o funcionamento da inteligência, tal como avaliada através de testes de *factor g*, recorre a áreas funcionais do cérebro diferenciadas face, por exemplo, às temáticas e conteúdos da inteligência emocional. Também Baron-Cohen e colaboradores (1999) apontam a existência de um cérebro social associado à realização cognitiva nos domínios da inteligência social e emocional. Evidências empíricas referem que alterações ao nível da amígdala influenciam os processos de gestão das emoções (Calder, Young, Rowland, Perrett, Hodges, & Etcoff,

1996), enquanto que as alterações no cortex orbito-frontal afectam os julgamentos nos comportamentos sociais e a capacidade para avaliação dos comportamentos socialmente mais adequados (Eslinger & Damasio, 1985). Ainda, lesões ao nível do gyrus temporal superior afectam a capacidade para percepcionar faces (Campbell, Heywood, Cowey, Regard, & Landis, 1990). Essas três áreas do cérebro prefiguram o corpo da teoria de Brothers (1990) para aquilo que considera como sendo a base neuronal da teoria social da inteligência.

A coerência dos resultados da pesquisa na área não é grande. Contrariamente à tese desenvolvida por Miller e Cohen (2001), a inteligência e outros processos cognitivos importantes não se encontram localizados numa área específica do cérebro, parecendo existir fortes correlações entre QI e alguma massa cinzenta nas áreas dos lobos frontal, temporal, parietal, e occipital (Haier, Jung, Yeo, Head, & Alkire, 2005). Mesmo assim, têm sido encontradas elevadas associações com as fases de inibição dos EEG's nos lobos frontais (Thatcher, North, & Biver, 2005). Sugere-se, assim, que de todas as estruturas cerebrais, o lobo frontal – e mais especificamente o CPF – assume um papel de destaque no desempenho em algumas medidas clássicas de inteligência. Todavia, a inteligência não se confina às medidas clássicas de inteligência fortemente saturadas em inteligência fluida e raciocínio. Parece-nos que existe um funcionamento diferenciado do cérebro quando outros domínios da inteligência são activados, nomeadamente ao nível dos processos que requerem inteligência cristalizada e inteligência social. O CPF assume um papel determinante no controlo cognitivo, tal como previsto no modelo de Miller e Cohen (2001), todavia a inteligência não se resume a esses processos cognitivos.

Outro aspecto que merece adequada ponderação na interpretação dos resultados destas pesquisas prende-se com a situação laboratorial em que ocorrem estes estudos, cujas limitações experimentais dificultam a leitura destes dados em termos de inteligência. Em primeiro lugar, subsistem ainda algumas dúvidas sobre o próprio significado biológico dessa actividade no sistema nervoso. Se problemas de significado existem já a esse nível, que pensar das dúvidas acrescidas quando se pretende passar da informação mais biológica para a descrição de uma "inteligência fisiológica"! Por outro lado, e mais uma vez, não podemos ignorar as variáveis externas como a atenção, a activação e a significação dos estímulos apresentados para o próprio sujeito (Carlson & Widaman, 1987; Stein, 1982).

Para além disso, a replicação dos resultados, inclusive pelos próprios autores, não se verifica em novas amostras tomadas (Haier, Nuechterlein, Hazlett, Wu, & Paek, 1988; Mackintosh, 1986). Para algo, considerado tão básico, poder-se-ia esperar maior consistência e, logicamente, maior estabilidade nos resultados encontrados. Finalmente, deverá ser feito um esforço prévio dos investigadores nesta área no sentido de serem definidos alguns princípios metodológicos básicos (condições laboratoriais, características dos sujeitos nas amostras, tipologia de estímulos), bem como estudos comparativos sobre a actividade bio-eléctrica evocada e espontânea (Buela-Casal & Navarro, 1989). Parece, assim, que a interpretação das correlações entre as diferentes estruturas do cérebro e a inteligência carecem, ainda, de análises e de métodos mais conclusivos de pesquisa (Toga & Thompson, 2005).

Correlatos cognitivos da inteligência

A psicologia cognitiva centra-se, sobretudo, no modo como os indivíduos fazem a representação mental e o processamento da informação (Reed, 1992; Sternberg, 1991a). Neisser, em 1967, propõe que "psicologia cognitiva refere-se a todo um conjunto de processos, nos quais os imputs sensoriais são transformados, reduzidos, elaborados, armazenados, recuperados e utilizados" (Reed, 1992, p. 4). Assim, no domínio das habilidades mentais a serem estudadas temos, por exemplo, a percepção, a aprendizagem, a memória, o raciocínio, a resolução de problemas e a tomada de decisões (Reed, 1992). No presente, a psicologia cognitiva abarca áreas bastante diversas da cognição: neurociência cognitiva, atenção e percepção, reconhecimento de padrões, memória, representação do conhecimento, representação visual (*imagery*), linguagem, pensamento e formação de conceitos e inteligência artificial (Solso, 1998). No Quadro 3.2 descrevemos sucintamente as áreas de investigação na psicologia cognitiva.

Quadro 3.2 – Principais áreas de pesquisa da psicologia cognitiva

Área de pesquisa	Descrição
Neurociência cognitiva	Só nos últimos anos os psicólogos cognitivistas e os neurocientistas cognitivos estabeleceram uma relação mais próxima. Assim, os primeiros procuram explicações neurológicas para as suas descobertas e os segundos procuram que os psicólogos cognitivistas expliquem os resultados das suas observações laboratoriais.
Atenção e percepção	Detecção, selecção de informação em termos de quantidade e qualidade, uma vez que a nossa capacidade para processar informação é limitada a nível sensorial e cognitivo. Através das pesquisas, é possível uma melhor compreensão da sensibilidade humana aos sinais e, mais importante para a psicologia cognitiva, o modo como interpretamos os sinais sensoriais.
Reconhecimento de padrões	Os estímulos ambientais raramente são percebidos como acontecimentos sensoriais singulares. Habitualmente são percebidos como partes de um padrão mais vasto com significado. As coisas que sentimos (vemos, ouvimos, tacteamos, provamos ou cheiramos) são geralmente parte de um padrão complexo de estímulos sensoriais.
Memória	A memória e a percepção trabalham juntas. Podemos subdividir a memória em: memória a curto prazo (MCP) – um sistema que armazena a informação nova por um breve período de tempo; memória de trabalho (MT) – a informação é armazenada o tempo suficiente para executar uma tarefa e alguma desta informação pode ser armazenada numa memória mais permanente; e, memória a longo prazo (MLP) – informação armazenada ao longo do tempo em consequência de uma séria de acontecimentos.
Representação do conhecimento	É fundamental para a cognição humana na medida em que estuda como a informação derivada das experiências sensoriais é simbolizada e combinada com a informação armazenada no cérebro. Cada um de nós experiencia e representa na memória de forma diferente o que vê, ouve, sente, cheira ou saboreia, contudo existem comunalidades na forma como se representa o conhecimento.
Representação visual (imagery)	É uma área de estudo relativamente recente na psicologia, mas com pesquisas bastante significativas. O imagery consiste no recurso a uma representação mental através de uma imagem do ambiente (mapa cognitivo).
Linguagem	A linguagem e a comunicação envolvem não só o conhecimento das palavras, como referem também o conhecimento da sintaxe. Mas além do que as pessoas dizem ou escrevem, implica a utilização de gestos, da linguagem corporal e entoação das palavras.

Área de pesquisa	Descrição
Pensamento e formação de conceitos	Envolve a habilidade para pensar e formar conceitos (por exemplo, noções incongruentes) no quadro da aprendizagem e da resolução de problemas.
Inteligência artificial	É uma especialidade que recorre à ciência computacional, procurando criar programas que simulem a cognição humana na resolução de problemas.

A abordagem cognitivista introduziu na análise da inteligência o seu próprio processamento ou o estudo do seu próprio exercício. Digamos que o enfoque não está nos factores internos subjacentes (aptidões ou traços, estruturas ou esquemas), mas no próprio acto de aprender e de resolver tarefas ou problemas. Nessa altura, a unidade de análise passa a ser os processos cognitivos requeridos directamente na realização, e, neste sentido, defende-se que este modelo representa um avanço e uma alternativa ao modelo psicométrico clássico (Marrero, Gámez, Espino, & León, 1989). Mais que ver o cérebro como amálgama, mesmo que organizada, de aptidões, a abordagem cognitivista centra-se no manuseio da informação aquando da resolução de problemas. Por outro lado, o termo cognitivista dado a esta abordagem pretende salientar um método mais experimental de análise em alternativa à metodologia mais qualitativa dos autores desenvolvimentistas ou mais correlacional na psicometria (Almeida, 1988a).

Os modelos de processamento da informação, assentes no faseamento entre a recepção da informação, seu tratamento e resposta, são hoje bastante utilizados na descrição da inteligência. Por norma, tais modelos requerem componentes estruturais (percepção, atenção, memória a curto-prazo, memória a longo-prazo) e componentes funcionais (processos, estratégias, transformações). Uma das teorias que mais esforço empreendeu no sentido de estabelecer uma relação entre entrada de informação, processamento e resposta foi a teoria ou modelo do processamento cognitivo PASS (*Planning, Attention, Simultaneous, Successive*). Tendo como base os trabalhos de Luria (1973) procurou-se conceptualizar a inteligência humana a partir de investigações decorrentes em neuropsicologia. As raízes da teoria PASS residem essencialmente nos domínios das neurociências, os quais procuram integrar funções cognitivas humanas num conjunto de três unidades funcionais distintas, embora correlacionadas.

A primeira unidade funcional situa-se na região do diencéfalo e nas áreas médias do córtex, desempenhando funções importantes ao nível da atenção, com enfoque para o reconhecimento selectivo de estímulos relevantes e inibição dos irrelevantes. A segunda área funcional actua no lobo occipital, parietal e temporal, sendo uma área responsável pela recepção, processamento e retenção de informação proveniente do meio exterior. É uma actividade que requer processamento simultâneo com a integração de estímulos em grupos, de forma a permitir uma maior compreensão dos mesmos. Para além disso, o processamento simultâneo obriga a uma actividade sucessiva normalmente utilizada na descodificação de palavras não familiares, articulação de palavras e produção de sintaxe.

A terceira área funcional situada nas áreas pré-frontais do lobo frontal permite sintetizar e estruturar a informação do cérebro. Este circuito é ainda responsável pela organização, orientação do comportamento e activação dos mecanismos de auto-regulação. São processos psicológicos que surgem claramente associados a bases de correlatos biológicos desenvolvidos no meio sócio-cultural dos indivíduos.

Parece ainda existir uma certa relação entre a primeira e a terceira unidade funcional. O primeiro sistema recebe e processa informação regulada pelos sistemas de nível superior do córtex (Luria, 1973). Esta unidade possui uma relação íntima com o córtex e é influenciada pelos efeitos regulatórios do córtex, essencialmente responsáveis pelas actividades de planeamento. Neste sentido, os processos de atenção e planeamento encontram-se fortemente associados, já que a atenção pressupõe muitas vezes um planeamento de controlo conscientes (Naglieri & Das, 2005).

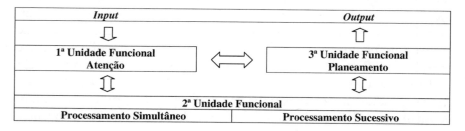

Figura 3.2 – Representação do modelo PASS
(Adaptado de Naglieri & Das, 2005, p. 123)

O modelo (Figura 3.2) destaca a função dos órgãos sensoriais como sistemas receptores de estímulos externos. A procura e análise do conhecimento é central à teoria PASS, remetendo-o para as experiências passadas, motivações, emoções e os processos de aprendizagem. O modelo distribui ainda as três unidades funcionais por quatro tipos de processos distintos: Planeamento, Atenção, Processamento Simultâneo e Sucessivo.

O planeamento surge como uma função associada ao lobo frontal e remete para as áreas pré-frontais do córtex. Associa-se, ainda, à terceira unidade funcional e promove a resolução de tarefas, ajudando nas estratégias de desenvolvimento/planeamento e na procura de uma solução adequada às exigências dos problemas apresentados. Para que seja possível efectivar essa actividade são requeridos processos importantes como a generalização, avaliação e execução de um plano à resolução do problema. A atenção remete para a primeira unidade funcional e surge como um processo mental orientado para os processos de atenção selectiva e para as respostas aos problemas. É ainda um processo controlado pelos objectivos e intenções dos sujeitos. O processamento simultâneo, tal como o processamento sucessivo torna-se activo na área occipital, parietal e temporal, e associa-se à segunda unidade funcional. O processamento simultâneo organiza a informação em grupos ou num todo coerente (Naglieri & Das, 2005). É uma actividade cognitiva que requer muitas vezes um tipo de funcionamento implicado na compreensão de relações lógico-gramaticais que ajudem na leitura de um todo abrangente a partir da leitura das partes. Existe todo um trabalho de integração que resulta da análise tanto de conteúdos verbais como não verbais. Apesar de tudo, Naglieri e Das (2005) referem que este tipo de processamento surge mais vezes associado aos conteúdos visuo-espaciais, embora não descurem uma actividade com conteúdos verbais. O processamento sucessivo é o mecanismo que permite ordenar e estruturar a informação apresentada. Possibilita a activação de uma conjunto de aptidões para avaliar a capacidade de preservar ou de compreender uma organização sequencial de estímulos apresentados.

Estes quatro processos cognitivos surgem como pilares de um modelo teórico que acabou por influenciar o desenvolvimento do CAS (*Cognitive Assessment System* Das, Naglieri, & Kirby, 1994) – um instrumento de avaliação individual com duas versões distintas. Uma versão *standard* constituída por 12 subtestes e outra mais reduzida que integra

8 provas (duas para cada processo cognitivo da teoria PASS). As baterias destinam-se a ser aplicadas a indivíduos com idades compreendidas entre os 5 e os 17 anos e apresentam qualidades psicométricas bastante apreciáveis. Salienta-se ainda o facto da versão *standard* demorar em média 60 a 90 minutos na sua aplicação. Em Portugal, Cruz (2005) traduziu e adaptou a versão reduzida e procedeu a uma aplicação em crianças com idades entre 5 e 7 anos. Dessa investigação resultaram dados satisfatórios que justificariam um amplo estudo normativo para a população portuguesa.

O CAS, como outros instrumentos de avaliação similares, representa um esforço para traduzir quantitativamente alguns processos cognitivos importantes e com fortes associações a áreas neurofisiológicas. Fazendo um certo paralelismo, estes processos cognitivos podem ser de alguma forma comparados com o trabalho dos computadores: "a mente é regulada por programas ou conjunto de regras análogas àquelas que regulam os computadores" (Casey & Moran, 1989, p. 148). Esta mesma ideia aparece defendida por outros autores como proposta heurística de estudo da inteligência, ou seja, "devemos desenvolver esforços que permitam descobrir os processos necessários para resolver os problemas, bem como, identificar as estratégias ou planeamentos (executar rotinas) que integram processos específicos num domínio funcional à obtenção dos resultados pretendidos" (Kail & Pellegrino, 1985, p. 54).

Na linha de estudo dos correlatos cognitivos da inteligência, assume-se a *inteligência como processamento de informação*. A título exemplificativo, podemos citar os estudos realizados por Hunt e seus colaboradores nos anos 70 e início da década de 80 (Hunt, 1978, 1980; Hunt, Lunneborg, & Lewis, 1975), cujo objectivo era identificar os processos da memória que mais diferenciavam os alunos com elevados e baixos desempenhos na aptidão verbal. Leahy e Hunt (1983) conseguiram demonstrar que as pessoas com elevadas aptidões verbais respondiam mais facilmente a tarefas verbais, não necessitando fazer associações verbais e estar dependentes de pistas contextuais para resolver os exercícios propostos. Esse sucesso no desempenho remete para a forma automática como o conhecimento é processado e pela não dependência associativa entre a representação física de um símbolo e a informação que lhe surge associada. Para além disso, constatou-se que as estratégias utilizadas na execução de tarefas afectam as diferenças individuais associadas às mais variadas actividades cognitivas (Hunt, 1978). Segundo o autor, as disparidades encontradas no desempenho surgem normalmente associadas ao conhecimento que as pessoas possuem acerca dos problemas. Neste sentido, quanto maior o domínio do conhecimento, maior a facilidade na resolução dos mesmos. De igual forma, os mecanismos utilizados no processamento da informação contribuem para um aumento da variabalidade inter-indivíduos. Os processos automáticos aparentam possuir traços estáveis e duradouros. Em contrapartida, os processos de controlo não automático, sendo igualmente importantes na resolução de qualquer tarefa, não são bons predictores do desempenho cognitivo ao longo de grandes períodos de tempo (Hunt, 1978). Com estes e outros estudos igualmente importantes, os cognitivistas estavam convencidos que tinham descoberto um determinado número de técnicas que lhes permitiam avaliar as operações básicas no sistema de processamento da informação (Anderson, 1992).

Os sujeitos são avaliados na realização de tarefas que os psicólogos cognitivistas pensam medir as habilidades básicas do processamento de informação. Por exemplo numa tarefa de *"memory-scanning"* (Sternberg, 1969), os sujeitos tinham que declarar, *a posteriori* e o mais rápido possível, quando um dígito ou letra alvo aparecia (por exemplo, o dígito "5") num conjunto previamente apresentado (por exemplo, dígitos "3", "6", "5", "2"). São várias as tarefas e processos que permitem associar aptidões cognitivas com o constructo de inteligência. Algumas aptidões possuem correlações muito elevadas com medidas de g, o que vem a supor alguma proximidade nos constructos. Neste sentido, passaremos a descrever algumas das principais aptidões (inteligência fluida, inteligência cristalizada, memória de curto prazo, memoria de longo prazo, velocidade de processamento, tempos de reacção e aptidão visual, por exemplo) e seus correlatos com as dimensões de inteligência representadas nas várias provas de inteligência e/ou tarefas recriadas tendo em vista os estudos experimentais.

A inteligência fluida *(gf)* foi um conceito inicialmente introduzido por Cattell (1966) e que surge muitas vezes associado aos processos de raciocínio dedutivo e indutivo. É uma aptidão de tal forma relevante que Cronbach (1984) chega a referir que o *factor g* de Spearman confunde-se com os constructos de inteligência fluida e as aptidões que envolvem raciocínio. A sua importância estende-se hoje a quase todos os testes de inteligência e apresenta, normalmente, elevadas correlações com as medidas de *factor g*. Nesse particular destacam-se alguns estudos experimentais que reportam correlações entre inteligência fluida e *factor g* com valores entre .54 e .62 (Danthier et al., 2005) e de .39 e .67 (Kyllonen & Christal, 1990). Estes valores atestam, de alguma forma, o contributo que esta aptidão representa no domínio da inteligência, prefigurando-a como uma faceta da cognição de incontestáveis contornos e contributos no domínio da inteligência (ver teoria CHC descrita no primeiro capítulo).

Outro importante correlato cognitivo surge ao nível da inteligência cristalizada *(gc)*, a qual emerge como uma faceta cognitiva que é normalmente incorporada pelos indivíduos ao longo de um processo de aculturação (Horn, 1988) e emerge também como um correlato cognitivo de inegável importância na relização das tradicionais baterias de inteligência. Esse relevo sai reforçado nos estudos de Schulze e colaboradores (2005), os quais demonstraram que tarefas fortemente saturadas em inteligência cristalizada apresentavam correlações de .56 e .58 com a dimensão *g* da inteligência.

Também a memória de trabalho e as suas funções executivas parecem dar um contributo importante nos processos de inteligência. Esta ideia sai de alguma forma reforçada pelo artigo de Kyllomen e Christal (1990) (*Reasoning is (little more than) working memory capacity?!*) no qual os autores sustentam a existência de uma correlação de .96 entre memória de trabalho e o *factor g*. Tal como descrito no capítulo 1, são vários os autores que apresentam estudos onde se torna evidente que as provas de inteligência se encontram fortemente associadas ao constructo memória de trabalho (Colom et al., 2004, 2005). Também a memória de longo prazo, enquanto processo disponível para o armazenamento da informação e posterior recuperação, surge como um importante correlato da inteligência. Neste sentido, testes de inteligência como a *Kaufman Assessment Battery* ou a *Woodcock-Johnson III* exploram o constructo tanto na sua vertente reprodutiva como reconstrutiva. O primeiro, normalmente relacionado com a recuperação de factos concretos e objectivos, enquanto que na variante reconstrutiva surgem normalmente itens associados à reconstrução da informação, tendo por base regras previamente armazenadas.

A velocidade de processamento é ainda outro constructo importante que surge frequentemente relacionado com outras aptidões cognitivas, por exemplo a memória de trabalho, raciocínio e aprendizagem (Keith, 2005; Zhu & Weiss, 2005). São, no fundo, tarefas que se encontram fortemente saturadas da componente cognitiva da percepção (Carroll, 1993). Os seus itens apresentam baixa exigência do ponto de vista cognitivo, embora requeiram uma boa capacidade de processamento. Apesar de Zhu e Weiss (2005) destacarem as fracas correlações com *g* (em virtude do reduzido investimento cognitivo das tarefas), outros autores encontraram nos seus estudos associações entre inteligência e velocidade de processamento bem acima de .40 (e.g., Conway, Cowan, Bunting, Therriault, & Minkoff, 2002; Danthier et al., 2005; Johnson & Bouchard, 2005).

Um dos correlatos cognitivos da inteligência mais estudado, e documentado em vários artigos refere-se aos tempos de reacção. Trata-se de uma das primeiras medidas utilizadas em psicologia experimental para explicar as diferenças individuais. Estes estudos remontam ao final do século XIX e mais concretamente à leitura biologizante da inteligência proposta por Galton. As correlações substanciais entre as medidas dos testes tradicionais de QI e as medidas dos tempos de reacção supõem valores apreciáveis a variar entre -.30 e -.40 (Detterman, 1987; Jensen, 1982). Análises factoriais em torno de vários testes de tempos de reacção resultam na obtenção de um factor geral denominado por *general speed factor*, o qual apresenta correlações elevadas (valores entre .40 e .60) com testes tradicionais de inteligência como a WAIS, as Matrizes de Raven ou o *Multidimensional Aptitude Battery* (Miller & Vernon, 1992). Apesar desses valores significativos, teme-se que as medidas dos tempos de reacção sejam essencialmente neurofisiológicas e não cognitivas (Eysenck, 1982). Todavia, estamos em querer que um conjunto de variáveis cognitivas concorrem entre si para explicar grande parte da variância associada ao constructo (e.g., compreensão das instruções, familiaridade com os testes/itens, estratégias cognitivas, acuidade sensorial, etc...). Apesar disso, nas elevadas correlações encontradas entre tempos de reacção e a inteligência não devemos descurar variáveis não cognitivas como o esforço/fadiga, a auto-confiança ou a motivação (Stough & Nettelbeck, 1989).

As aptidões visuo-espaciais sugerem também fortes aproximações às dimensões de inteligência, tal como atestam os estudos de Colom e colaboradores (2005) onde foram encontradas correlações de .94. Na linha de estudos realizados por Juhel (1991), foi possível encontrar aptidões de nível inferior associadas ao domínio de visualização, relações espaciais e memória visual. As primeiras requerem um maior esforço no processamento cognitivo, enquanto que as últimas requerem um menor esforço intelectual (Lohman, 1996). Estas evidências conduzem-nos às conclusões que, também nas áreas visuo-espaciais, os corrrelatos cognitivos da inteligência se tornam mais efectivos em tarefas complexas que requeiram maiores "cargas cognitivas".

Estes destaques empíricos retomam, de alguma forma, a importância dos correlatos cognitivos na variância explicada do constructo abstracto "inteligência". As elevadas correlações entre vários constructos individuais (e.g., memória de trabalho, tempos de reacção, raciocínio, etc.) levam-nos a reforçar a importância multifacetada da inteligência, a qual integra vários domínios da cognição humana. Por outro lado, verificamos que alguns estudos apresentam matrizes meramente correlacionais que redundam em conclusões algumas vezes generalizadas e abusivas. Não podemos esquecer que os testes e as tarefas experimentais não são factorialmente "puros" ou a sua realização independente do concurso de outros factores cognitivos e não cognitivos. Neste sentido, um elemento parece comum a todos os estudos: o aumento no nível de complexidade das tarefas faz também aumentar os índices de correlação com *g*. É possível que esse aumento de correlação em função da complexidade das tarefas surge em virtude da necessidade de mobilização de outras facetas cognitivas (e.g., atenção, memória de curto e longo prazo, percepção...) para a resolução dos problemas. A afirmação de Cronbach (1957) segundo a qual precisamos de desenvolver investigações que possam combinar a abordagem experimental e diferencial para explorar as relações existentes entre mecanismos cognitivos e inteligência permanece actual. Conway (2005) refere que é necessário estudar e aprofundar mecanismos e processos cognitivos múltiplos. Em sua opinião, mais estudar variáveis cognitivas isoladas, é necessário compreender a influência dos vários mecanismos que melhor contribuem para explicar a inteligência.

Componentes cognitivos da inteligência

O grande nome da abordagem componencial da inteligência (*cognitive components approach*) é Robert Sternberg. Segundo ele, a ideia central nesta abordagem é que "*components represents latent abilities of some kind that give rise to individual differences in measured intelligence and in real-world performance*" (Sternberg, 1985, p. 225). Os seus estudos foram sobretudo dirigidos às analogias (Quadro 3.3), um formato usual nos testes de inteligência (Almeida, 1986b, 1988b). Através da participação da analogia em segmentos ou sub-tarefas (A: B: C: ? [a, b]), Sternberg procurou identificar os vários componentes da resolução e estimar a sua presença e importância através do tempo e acuidade de execução que lhes estavam associados.

Quadro 3.3 – Descrição dos componentes
através do exemplo de uma analogia

Exemplo: Procure encontrar a alternativa que se relaciona com a palavra.	
Antes: Depois :::::: Hoje: ??? Resposta: a) Ontem; b) Amanhã	
Componente	**Descrição**
Encoding	Leitura, compreensão e representação mental das três palavras apresentadas.
Inference	Análise da relação entre as primeiras duas palavras (antes e depois). Constatação de uma relação temporal entre os conteúdos.
Mapping	Análise da relação entre as duas primeiras palavras de cada par (antes e ontem). Constatação que ambas remetem para um tempo passado.
Applying	Verificar que a relação no primeiro par (antes e depois) pauta-se por uma relação de tempo passado e futuro, e que no segundo par a relação deve ser a mesma.
Evaluation/comparasion/ justication	Analisar as alternativas de resposta (hoje e amanhã) e inferir que hoje remete para o presente, enquanto que amanhã se associa a um tempo futuro.
Response	Concluir que a resposta adequada reside na opção b (amanhã), a qual preenche a regra encontrada no primeiro par e tal como a palavra depois também aborda um tempo futuro.

Em vários artigos (Sternberg, 1977a, 1977b, Sternberg & Rifkin, 1979), Sternberg descreve os componentes requeridos para a resolução dessas tarefas cognitivas (Almeida, 1988a, 1988b): *encoding* (apreensão e registo dos atributos mais relevantes da informação a processar A, B, C, a, b), *inference* (relação entre os elementos que formam um par já facultado da analogia A:B), *mapping* (relação que se pode esclarecer entre os primeiros elementos de cada par da analogia A;C), *applying* (transposição da relação "inferida" num primeiro par de elementos para um segundo par a completar C:D), *evaluation/comparasion/justication* (passos de ponderação, comparação e justificação de escolhas efectuadas entre as várias alternativas de respostas facultadas a,b), e *response* (emissão da resposta assinalando a alternativa escolhida).

Este modelo de análise, buscando a identificação dos elementos ou processos cognitivos mais básicos necessários à resolução dos itens nos testes, tem sido extrapolado para diferentes testes de inteligência e de aptidões intelectuais, nomeadamente, em testes espaciais (Carpenter & Just, 1986; Cooper, 1999; Cooper & Shepard, 1973; Pellegrino & Kail, 1982). Em alguns destes estudos, os autores recorrem a actividades "bem simples" por parte dos sujeitos, como os movimentos dos olhos durante o desempenho das tarefas, para inferirem as operações mentais realizadas e calcularem os vários parâmetros da sua efectivação (tempo, acuidade).

Face à abordagem psicométrica, uma análise mais detalhada do desempenho cognitivo parece ser possível através destas investigações. Por exemplo, os sujeitos com melhor aptidão espacial parecem realizar as tarefas de rotação de cubos (séries ou sequências de cubos) tentando descobrir o movimento de rotação através do eixo na diagonal, enquanto que os sujeitos de mais fraco desempenho parecem focar-se nas arestas do cubo para descobrirem o movimento (Carpenter & Just, 1986).

Os resultados deste tipo de estudos têm sido animadores. Os coeficientes de correlação encontrados entre as medidas do erro e do tempo nas componentes isoladas e as notas em testes de QI globalmente tomadas situam-se entre .40 e .80 (Pellegrino, 1985; Sternberg & Gardner, 1983). Esta percepção positiva, não pode esconder, no entanto, as várias dificuldades que subsistem. Com efeito, as correlações entre as medidas do desempenho das tarefas e as notas finais nos testes de QI não são tão perfeitas quanto se desejaria. Por outro lado, mesmo possibilitando uma informação mais compreensiva sobre o desempenho, estes novos métodos de análise não nos asseguram uma informação sobre a inteligência substancialmente diferente daquela que os testes de QI fornecem (Sternberg, 1991b).

Apesar dos avanços decorrentes da psicologia cognitiva, permanecem ainda bastantes dúvidas em torno dos componentes cognitivos, como por exemplo, quantos são ou qual o seu estatuto e natureza. Assim, não devemos correr o risco de "coisificar" elementos de análise como procedeu a abordagem factorial em relação aos factores. Em relação aos componentes cognitivos corre-se o mesmo perigo, isto é, *"it is important not to confuse readily observable, or otherwise apparent sub-stages in the execution is brought about"* (Richardson, 1991, p. 61). Concordaremos que os componentes cognitivos, ditos latentes à resolução das tarefas, são mais função, ou aparecem mais determinados pela especificidade das tarefas em causa, do que características inerentes ao sistema cognitivo em si mesmo. Isto serve-nos, aliás, para ilustrar também quão difícil será passar este modelo de análise para tarefas mais complexas ou para problemas mais quotidianos do que os itens de testes de inteligência mais facilmente isolados e convertidos em situações de estímulo de alto controlo experimental (veja-se a sua aplicação através do computador ou do taquitoscópio).

Por outro lado, a análise componencial da inteligência parece dar-nos uma imagem mecanicista do funcionamento da mente e da resolução de problemas (Almeida, 1988a). Mais concretamente, identificado um conjunto de componentes descritivas da resolução de uma tarefa, pretende-se afirmar que o seu desempenho segue uma sequência fixa de passos, com poucos espaços para a individualidade do sujeito ou especificidade da própria situação. Com efeito, se nos indivíduos não podemos ignorar os estilos cognitivos, ou as formas como realizam a cognição, também as tarefas não podem apenas ser descritas pelo tipo de processos cognitivos envolvidos. Como afirmámos, é necessário atender ao formato e ao conteúdo das tarefas, e a toda uma diversidade de aspectos de ordem atitudinal e motivacional, na análise da sua resolução. Em várias investigações apercebemo-nos do impacto dessa diversidade de variáveis ligadas às tarefas (conteúdos, formato), não esquecendo também outras variáveis ligadas aos próprios sujeitos (motivação, expectativas, estilos cognitivos, concentração) na diferenciação do desempenho cognitivo (Almeida, 1986a, 1988b). Não podemos, ainda, descurar as variáveis sócio-culturais, as quais desempenham um papel importante na cognição e activam as fontes de conhecimento e os processos de aprendizagem. Por seu lado, as componentes cognitivas salientam o individuo e a sua capacidade de raciocínio como principal fonte de conhecimento (Murphy, 2007). Esta autora argumenta que não devemos somente dar relevo aos aspectos cognitivos e que ambos os componentes (sejam eles sociais ou cognitivos), são cruciais para que haja integração efectiva dos processos de aprendizagem. Propõe uma relação entre crenças (componentes sociais) e conhecimentos (componentes cognitivos), como forma de activar os processos de mudança e desenvolvimento psicológico. Esta perspectiva enfatiza o papel da ligação entre o conhecimento adquirido e as crenças pessoais (Alexander, Murphy, Guan, & Murphy, 1998). Se não houver uma preocupação com os componentes sociais, os indivíduos contemplam o conhecimento como uma entidade abstracta desprovida de significado, e tendem simplesmente a associá-lo a uma comunidade (sociedade ou cultura) que desconhecem. As pessoas procuram desta forma uma percepção consistente e um equilíbrio entre o conhecimento e a realidade sócio-cognitiva em que estes se encontram inseridos (Chinn & Malhotra, 2002; Tsai & Tsai, 2003).

A análise componencial, pese embora a clareza descritiva do processo de resolução de tipos específicos de tarefas cognitivas, parece querer reduzir a inteligência a um conjunto sequencial de rotinas, cujo exercício se "automatiza" em face dos problemas a resolver. Importa, sobretudo, estudar como tais componentes (e metacomponentes) se organizam e implementam. Em nossa, opinião, estará aí o mais específico e fundamental na definição da inteligência.

Por último, parece haver um certo reducionismo e simplicidade na forma como se reduz a actividade intelectual à execução das componentes identificadas. Para além de se confundir a inteligência com o exercício, quase mecânico, das operações identificadas, o estudo destas componentes e da sua sequencialidade é feito segundo alguns parâmetros (tempo de execução, probabilidade de execução, probabilidade de resolução correcta) que, convenhamos, não parecem ser os elementos que melhor caracterizam a inteligência humana.

Aspectos como a globalidade do trabalho cognitivo, a diversidade de processos e estratégias, o estilo holístico ou analítico de realização ou a adaptação do sujeito à especificidade de cada situação (sequências, analogias, matrizes), mesmo não chamando aqui as variáveis não estritamente intelectuais, muito dificilmente serão satisfatoriamente explicados através dos parâmetros, pretensamente "universais", propostos por estes autores. A tónica algo descritiva e intuitiva destes estudos ajudanos a entender as dificuldades encontradas na generalização destes componentes para a multiplicidade de tarefas cognitivas laboratoriais ou quotidianas. Explica, ainda, porque encontramos alguma proliferação de componentes cognitivas na literatura actual neste domínio. O "reducionismo" em que se insere a análise da cognição feita por estes autores poderá ajudar-nos a entender porque a avaliação cognitiva realizada através destas componentes isoladas consegue ser pouco preditiva do desempenho dos sujeitos em algumas das suas situações quotidianas (Evans, 1977) ou, ainda, porque conseguimos aumentar os coeficientes de correlação aí obtidos quando tomamos o conjunto ou subconjuntos de componentes e não estas isoladamente (Sternberg & Gardner, 1983).

Estilos Cognitivos

O conceito "estilos cognitivos" conta já com uma grande tradição dentro da psicologia. Apesar de terem decorrido muitos anos, a verdade é que ainda hoje se discute a sua definição, classificação e processos avaliativos. Desde as suas origens que o conceito tem vindo a ser referido face a padrões de comportamento consistentes ao longo do tempo e através de diferentes áreas de actividade, contando com um grande suporte teórico que lhe permite ser utilizado enquanto elemento de referência na psicologia.

Como acontece normalmente com outros conceitos psicológicos, bem como noutras áreas científicas, não existe uma definição de estilos cognitivos que seja unanimemente aceite. Desde o início da sua concepção, enquanto conceito e linha de investigação, várias correntes ou orientações têm procurado conceptualizá-lo e, neste particular, destacaríamos três grandes áreas de entendimento. Por um lado, encontramos aqueles que procuram enfatizar a natureza "limítrofe" do estilo cognitivo, considerando-o enquanto dimensão compreensiva das diferenças individuais. Esta linha vai um pouco para além da esfera cognitiva e transpõe outros aspectos do funcionamento psicológico (aqueles que se situam próximo dos conceitos gerais de personalidade).

De acordo com este ponto de vista, o estilo cognitivo não é estritamente cognitivo, antes se refere a dimensões mais abrangentes do funcionamento individual (Kogan, 1976; Sánchez-Cánovas & Sánchez-López, 1999; Witkin, Moore, Goodenough, & Cox, 1977). Por outro lado, existem os autores que destacam o papel dos componentes cognitivos enquanto formas consistentes de processar e avaliar a informação, com ênfase na organização e conceptualização, ou nos procedimentos de resolução de problemas (Hayes & Allison, 1998; Hunt, Krzystofiak, Meindl, & Yousry, 1989; Miller, 1987). Por último, surge um terceiro grupo que, embora recebendo maiores influências das teorias do processamento de informação, procura integrar as duas posturas atrás referidas e identifica o estilo cognitivo como uma característica consistente na forma de organizar a informação e a experiência, resultado da integração dos aspectos cognitivos e afectivo-motivacionais do funcionamento individual (Grigorenko & Sternberg, 1995; Messick, 1984; Riding & Cheema, 1991; Zhang & Sternberg, 2005). Esta é a concepção mais conhecida e divulgada e, na qual, podemos encontrar um dos estilos cognitivos mais "tradicionais" na pesquisa, ou seja, a dependência-independência de campo.

Um levantamento das diferentes definições do constructo permitiu-nos unificar todas as cambiantes através da procura de características que são, de alguma forma, consensuais (Páramo, Guisande, Tinajero, & Almeida, 2008; Quiroga, 1999): (i) não são directamente observáveis; (ii) fazem referência a dimensões mais qualitativas do que quantitativas; (iii) fornecem registos das diferenças individuais em função da actividade mental do individuo, enfatizando o *como* em detrimento do *quê*; (iv) são bipolares, ou seja, expressam-se mediante dimensões, ao invés de categorias descontínuas; (v) são estáveis e persistentes ao longo do desenvolvimento; (vi) servem para integrar variáveis cognitivas e afectivo-motivacionais; (vii) subjazem a várias funções psicológicas e contextos, bem como a situações distintas; (viii) a sua versatilidade facilita a sua aplicação em vários domínios de aplicação; (ix) contribuem de forma substancial para prever a adaptação e o rendimento; e, (x) de uma forma geral, podem-se considerar neutros, uma vez que ambos os pólos da dimensão contém aspectos adaptativos.

Durante a denominada "idade de ouro" dos estilos cognitivos, ou seja, finais da década de cinquenta até princípios da década de oitenta, assistiu-se a uma produção massiva de dimensões ou características psicológicas com o rótulo "estilo". Após ter desenvolvido uma ampla revisão da literatura existente em torno da temática, Armstrong (2004) identificou mais de 54 expressões relacionadas com os estilos cognitivos. Foi necessário desenvolver um esforço notável para integrar todas as definições e conceitos associados na área dos estilos cognitivos e suas contribuições para explicar as diferenças individuais.

De seguida, apresentamos uma tabela resumida (Quadro 3.4), onde constam as relações existentes entre as quatro principais classificações. Desta forma, pretendemos mostrar algumas coincidências e discrepâncias encontradas nestes modelos, cingindo-nos fundamentalmente aos resultados centrados em torno dos estilos cognitivos (para uma análise mais detalhada *vide*, Curry, 1983, 1987, 1991; Grigorenko & Sternberg, 1995; Jonassen & Grabowski, 1993; Riding & Cheema, 1991; Riding & Rayner, 1999; Sternberg & Grigorenko, 1997; Zhang & Sternberg, 2005, 2006).

Quadro 3.4 – Proximidades e diferenças nas diversas classificações associados aos modelos dos estilos cognitivos

MODELOS	**APROXIMAÇÕES**		
	Personalidade	**Cognição**	**Actividade**
CURRY (1983)	– Dependência-Independência de campo (FDI) (Witkin, Oltman, Raskin, & Karp, 1971) (*Embedded Figures Test*, EFT)	Modelo cíclico de aprendizagem de Kolb (1976)	Preferência instruccional
MILLER (1987)	– Reflexividade-Impulsividade (Kagan, 1966) (*Matching Familiar Figures Test*)	*Analítico-Global*: – FDI (*Embedded Figures Test*, EFT) – Reflexividade--Impulsividade (*Matching Familiar Figures Test*) – Pensamento convergente--divergente (Guilford, 1967) – Pensamento global-serial (Pask, 1976)	
GRIGORENKO & STERNBERG (1995)	*Relacionado com a cognição*: – Tipos psicológicos de Myers (Myers & McCaulley, 1985) – Estilos de aprendizagem de Gregorc (1979, 1985)	– FDI (*Embedded Figures Test*, EFT) – Reflexividade-Impulsividade (*Matching Familiar Figures Test*)	– Estilos de aprendizagem – Estilos de ensino

MODELOS	APROXIMAÇÕES		
	Personalidade	**Cognição**	**Actividade**
(RIDING & CHEEMA, 1991; RIDING & RAYNER, 1999)		*Global-Analítica*: – FDI (Embedded *Figures Test*, EFT) – Reflexividade-Impulsividade (*Matching Familiar Figures Test*) – Pensamento convergente--divergente – Pensamento global-serial (Pask, 1976) – Modelo definidor de estilos (Gregorc, 1985)	
		– Assimilador-Explorador (Kaufmann, 1989) (A-E Inventory) – Adaptador-Inovador (Kirton, 1976, 1994) (*Cognitive Style Interest Inventory*) – Analítico-Intuitivo (Allison & Hayes, 1996) (*Cognitive Style Index*)	
		Verbal-Figurativa: – Galton (1883) – Bartlett (1932) – Paivio (1971) (*Individual Differences Questionnaires*, IDQ)	

MODELOS	APROXIMAÇÕES		
	Personalidade	Cognição	Actividade
		Integradora: *Global-Analítica/* *Verbal-Figurativa* (Riding & Cheema, 1991) (*Cognitive Style Analysis*, CSA)	

Quando se analisam, em profundidade, os diferentes modelos e o seu modo de classificar os estilos cognitivos, encontramos uma série de contradições, discrepâncias e questões que permanecem sem resposta. Como resultado, os estudiosos desta temática começaram a utilizar nomes diferentes para um mesmo constructo, defendendo concepções similares para diferentes dimensões ou, simplesmente, dando ênfase na aplicação de diferentes critérios para avaliar um mesmo constructo. Face a estas constatações, merecem algum destaque as reflexões e as propostas de integração defendidas por Zhang e Sternberg (2005), e o modelo triádico dos estilos intelectuais. De acordo com os autores, trata-se do primeiro modelo em que se procura, de forma explícita, confrontar as questões mais controversas em torno da temática dos estilos: estilo *versus* aptidão, estabilidade *versus* mudança, constructos diferentes *versus* semelhantes, etc.

Desde que surgiram as primeiras investigações em torno dos estilos cognitivos, assistiu-se a uma preocupação para diferenciar este conceito dos demais. Diferentes autores (Curry, 1983; Jonassen & Grabowski, 1993; Messick, 1984, 1994; Riding & Rayner, 1999; Zhang, 2004) procuraram esclarecer e estabelecer limites entre os conceitos de estilo cognitivo e inteligência, os quais se encontram muitas vezes relacionados ao longo da literatura.

As contribuições da psicologia para descrever as aptidões cognitivas dos indivíduos ultrapassa uma leitura mais clássica e algo reduccionista da psicometria, circunscrita à avaliação do nível de capacidade intelectual (*how much intelligence!* Resnick, 1976). Sem retirar o mérito que esta afirmação acarreta, e as necessidades sociais a que este facto pode corresponder, interessa não só centrarmo-nos num análise inter-individual, mas acima de tudo em algo intra-individual para medir até que ponto o indivíduo é inteligente ou, mais concretamente, como utiliza as aptidões e competências cognitivas na aprendizagem e resolução de problemas (Almeida, 1994). Embora esta leitura de cariz mais qualitativo não esteja fundamentada nem operacionalizada nos métodos de avaliação, seria necessário reconhecer que, num mesmo nível de aptidão, podem corresponder várias formas de pensar e resolver problemas capazes de contribuir, também, para a explicação das diferenças individuais no desempenho cognitivo. Infelizmente, a maioria dos testes de inteligência, sobretudo os de aplicação colectiva, condicionam o resultado final à simples soma dos itens correctos, não prestando a devida atenção à especificidade dos itens ou dos processos mentais utilizados pelos sujeitos na resolução dos testes (Almeida, 1994; Primi & Almeida, 2001).

Uma das formas encontradas pela psicologia para descrever as diferenças individuais para avaliar "uma forma de ser inteligente" passa necessariamente pela referência aos estilos cognitivos. Tais estilos contemplam aspectos importantes como a forma de compreender, atender, recordar e executar as tarefas cognitivas (Messick, 1994). Desta forma, pode-se estabelecer um papel de fronteira e de complementaridade entre os estilos cognitivos, os processos cognitivos e a inteligência. Tal como a inteligência, os estilos cognitivos fazem referência a operações, funções ou processos cognitivos (actividade mental), no entanto, as diferenças residem essencialmente a um nível qualitativo e não tanto nos aspectos quantitativos; ou seja, o estilo cognitivo mostrará a forma de compreender, recordar e/ou pensar (forma de actividade mental), mas nunca o domínio e o nível de atenção, de recordação ou de pensamento (conteúdo e grau da actividade mental). Não se refere tanto àquilo que podemos fazer, mas à forma como o fazemos (McKenna, 1984; Messick, 1984; Quiroga, 1999; Riding & Rayner, 1999; Sánchez--Cánovas & Sánchez-López, 1999). Neste sentido, os estilos cognitivos proporcionam uma leitura mais dinâmica e operativa do funcionamento cognitivo, complementando a informação recolhida nos teste de QI, de inteligência geral ou *factor g*.

Um dos contributos mais importantes e clarificadores foi desenvolvido por Messick (1984), o qual concluiu da existência de diferenças significativas entre ambos os constructos. Assim: (i) o conceito de aptidão implica medidas de capacidade em termos de máximo desempenho, dando ênfase ao nível de sucesso ou resultado obtido. O estilo, contudo implica a avaliação do modo de actuar característico, em termos de desempenho típico e dando ênfase aos processos. Ou seja, a capacidade define-se em termos de conteúdo, nível e capacidade de desempenho (O quê; Quanto), enquanto que o estilo surge como uma forma característica do desempenho (Como); (ii) As aptidões são unipolares variando e oscilando entre um mínimo até um determinado máximo, predizendo nesse contínuo o rendimento numa área específica; pelo contrário, os estilos são bipolares e cada extremo assume implicações diferentes e formas de realização cognitiva diferenciadas; (iii) As aptidões supõem uma medida de competência em termos de máximo desempenho, colocando a ênfase na precisão e correcção da resposta (quantidade). O estilo supõe uma medida de tendência em termos de desempenho, acentuando a tónica no modo de processamento frequente ou habitual (probabilidade); (iv) As aptidões têm um valor direccional (obter mais é melhor que menos e é mais adaptativo para o desempenho das tarefas) enquanto que os estilos possuem um valor diferencial, cada pólo do estilo tem um valor adaptativo, o qual depende das circunstâncias e dos contextos. Em abstracto podemos considerar que nenhum pólo é mais adaptativo, mas que depende da natureza da situação e dos requisitos inerentes à tarefa; (v) Referindo-nos às aptidões intelectuais, podemos considerá-las como sendo específicas de um domínio particular de conteúdos ou funções (e.g., aptidão verbal, numérica ou espacial), enquanto isso, os estilos são mais globais ou integrativos; e (iv) As aptidões capacitam para o desempenho de uma tarefa numa determinada área específica enquanto que os estilos não são mais do que variáveis que organizam e controlam o desempenho. Como variáveis de organização, os estilos contribuem na selecção, combinação e sequenciação dos processos; enquanto que, como variáveis de controlo, os estilos ajudam na regulação da direcção, duração, intensidade, amplitude e velocidade de funcionamento.

Têm-se procurado várias explicações para a génese desta tensão entre qualidade e quantidade na inteligência, assim como entre uma visão mais singular ou plural da inteligência. Desta forma, Miller (1991), baseando-se num critério geográfico-cultural, sugere que as perspectivas divergem se considerarmos a dimensão cognitiva na sua orientação europeia ou norte-americana. Por um lado, a perspectiva europeia (historicamente britânica) considera a dimensão cognitiva como inteligência, *factor g* ou capacidade de abstracção, e avalia-a no domínio das capacidades mentais; enquanto isso, a perspectiva norte-americana contempla outras qualidades do pensamento como os interesses artísticos ou intelectuais, enquadramento cultural e abertura à experiência. Ou seja, neste último caso, a inteligência assume um maior enfoque "cultural". Desta forma, se a tradição europeia aceita mais facilmente uma inteligência geral, tipo *factor g*, a tradição americana tem sido sempre mais favorável ao estudo das aptidões diferenciadas (Almeida, 1988a).

Finalmente, outro aspecto que merece algum relevo relaciona-se com algumas controvérsias em torno da temática dos estilos cognitivos. Situando-nos, por exemplo, no estilo cognitivo dependência-independência de campo, verificamos que estamos perante um importante desequilíbrio: um excesso de conceptualização, cuja contrapartida a nível empírico é evidentemente escassa, nomeadamente nas tentativas para aprofundar a sua estrutura ou o papel que desempenha nos diferentes contextos da vida e, em particular, ao nível do funcionamento cognitivo (e.g., Guisande, Páramo, Tinajero, & Almeida, 2007) e da aprendizagem (e.g., Tinajero & Páramo, 1997). Aliás, a controvérsia em torno do constructo estende-se à sua avaliação, observando-se uma escassez de provas adequadas para a sua avaliação. Por exemplo, a incidência de itens com conteúdo figurativo ou espacial questiona o sentido da correlação habitual entre a dependência-independência de campo e os testes de *factor g* e de aptidão espacial. A opção por tarefas envolvendo outros conteúdos, por exemplo verbais, poderá responder a esta questão da especificidade cognitiva da dependência-independência de campo ou tudo o que resta para o estilo cognitivo quando eliminamos a parte de variância explicada pelos testes de *factor g* e de aptidão espacial.

Considerações finais

No estudo da inteligência identificou-se uma nova abordagem, emergente nos anos 60 do século passado, investigando como o sujeito conhece e resolve problemas, ou seja, que processos mentais são utilizados na aquisição de conhecimento e no desempenho cognitivo (Almeida, 1988a; Morais, 1996; Resnick, 1976). Esta abordagem enfatiza a percepção humana, o pensamento, a memória e os demais processos cognitivos, assumindo que o ser humano é processador activo de informação.

A par da identificação do contributo de um conjunto de componentes cognitivas para a realização de tarefas, esta abordagem coloca a possibilidade das componentes assim isoladas poderem ser alvo de um treino sistemático e deliberado. De acordo com Sternberg (1998a), a abordagem do treino cognitivo tem sido usada em vários domínios, como por exemplo, na aprendizagem e na memória (Belmont & Butterfield, 1971; Borkowski & Wanschura, 1974; Campione & Brown, 1979), ou no raciocínio e na resolução de problemas (Feuerstein, 1979; Holzman, Glaser, & Pellegrino, 1976; Linn, 1973). Este treino incide quer ao nível das metacomponentes (processos executivos) quer das componentes de realização (processos de ordem inferior utilizados para executar as ordens das metacomponentes) (Belmont, Butterfield, & Ferretti, 1982; Feuerstein, 1979, 1986), tomando aliás pistas de diferenciação quando se compara o desempenho de peritos e novatos em tarefas complexas como a resolução de problemas de física (Chi, Feltovitch, & Glaser, 1981; Chi, Glaser, & Rees, 1982; Larkin, McDermott, Simon, & Simon, 1980), a selecção de passos e estratégias em jogos de xadrês ou outros jogos (Chase & Simon, 1973; Reitman, 1976), e a aquisição de informação relacionada com um determinado domínio por pessoas com diferentes níveis de perícia (Chiesi, Spilich, & Voss, 1979).

Os processos cognitivos básicos (atenção, percepção, memória) ganham particular relevância, em termos funcionais e estruturais, na abordagem cognitiva da inteligência. Voltando à comparação do desempenho de peritos e novatos numa variedade de domínios, os resultados das pesquisas parecem demonstrar que, a forma como a informação é armazenada e evocada da memória a longo prazo, explica as diferenças acentuadas no desempenho destes dois grupos de sujeitos. Com efeito, a informação armazenada de uma forma mais flexível encontra-se mais disponível para se transferir de situações antigas para problemas novos (Egan & Greeno, 1973). Chi e colaboradores (1981) também verificaram que os sujeitos que apresentavam menos competências ao resolverem problemas de física tendiam a prestar mais atenção em aspectos mais superficiais da definição desses problemas, enquanto que os sujeitos que apresentavam mais competências prestavam mais atenção aos aspectos mais profundos, o que contribui para valorizar o papel dos conteúdos e o seu domínio pelos sujeitos na realização cognitiva.

Nesta linha, a abordagem cognitiva parece não só explicar melhor o que é e como funciona a inteligência, como associando esta à aprendizagem acaba por permitir importantes combinações e interacções entre cognição (aptidões) e conhecimento (experiência) na explicação das destrezas e desempenhos. Aliás, os contributos dos estudos fisiológicos da cognição são igualmente importantes na diferenciação dos processos cognitivos e como estes podem estar ou não envolvidos em tarefas laboratorialmente testadas. Assim, o estudo da cognição, seja através das respostas fisiológicas ou dos registos computacionais, tem proporcionado avanços significativos na nossa compreensão da inteligência.

CAPÍTULO 4

TEORIAS ABRANGENTES

Introdução

Uma crítica frequente aos modelos psicométricos surge relacionada com o sentido restritivo como concebem a inteligência e a cognição. Para além da pouca atenção aos processos cognitivos, a sua análise centra-se nos aspectos intelectivos e não atende, pelo menos suficientemente, aos conteúdos das situações ou problemas do quotidiano a resolver. Para além disso, prestam pouca atenção às habilidades sociais e interpessoais ou aos talentos em diferentes áreas específicas do desempenho.

Assim, concepções mais recentes da inteligência integram dimensões não tradicionalmente valorizadas na explicação da realização cognitiva. A par dos conhecimentos e competências em áreas específicas da realização, reclama-se hoje o papel das emoções, da criatividade e da flexibilidade cognitiva, entre outros, na realização do sujeito em diferentes contextos. Cada vez mais se reconhece que o insucesso escolar, profissional e social dos indivíduos se explica, a par das habilidades cognitivas gerais, pelas percepções de competência desajustadas, pelo baixo controlo de emoções ou pela reduzida capacidade para lidar com as frustrações. Em contexto organizacional, por exemplo, nos processos de selecção profissional, valoriza-se cada vez mais outras aptidões que não as avaliadas nos testes clássicos de inteligência.

Neste sentido, as "aptidões clássicas" parecem ser manifestamente insuficientes para explicar todo o comportamento inteligente. Por um lado, a gestão das emoções afecta o desempenho em funções mentais como a memória, atenção, raciocínio ou percepção. Por outro, os aspectos culturais e a gestão dos conhecimentos sociais influenciam aquilo que podemos chamar por comportamento adaptativo ou inteligente. Desta forma, este livro jamais poderia ignorar teorias recentes de inteligência cujo contributo tem-se revelado deveras importante na explicação de alguns processos que as teorias anteriores têm dificuldade em explicar. Ao longo deste capítulo procuraremos, assim, abordar algumas teorias abrangentes de inteligência. Mais concretamente, a par dos constructos de inteligência emocional e social, abordaremos as concepções englobalizantes de Gardner (teoria das inteligências múltiplas) e de Sternberg (teoria triárquica).

Inteligência emocional

Apesar do termo inteligência emocional já se encontrar um pouco banalizado na linguagem do dia-a-dia, a sua introdução na literatura é bastante recente. Neste particular, Mayer e Salovey (1993) parecem advogar para si a paternidade do constructo, definindo inteligência emocional como uma capacidade para monitorizar emoções pessoais e inter-pessoais para regular e orientar os pensamentos e acções (Mayer & Salovey, 1993). No entanto, a definição de inteligência emocional não tem sido pacífica, tal a quantidade de críticas e objecções teóricas aos fundamentos e métodos utilizados por alguns autores.

Num contexto de argumentações e contra-argumentações, Daniel Goleman (1996) com o livro "Inteligência Emocional" conseguiu atrair muitos simpatizantes que "acenavam" positivamente aos seus argumentos em favor do conceito de inteligência emocional. Nesse âmbito duas ideias pareciam recolher uma maior aceitação junto da opinião pública: (i) o argumento de que o sucesso pessoal, familiar e profissional parece depender mais do quociente emocional (QE) do que do quociente intelectual (QI); e, (ii) a inteligência emocional não é estável, antes pode ser desenvolvida.

Como reacção, Davies, Stankov e Roberts (1998) traçam duras críticas e recusam associar a inteligência emocional a um conjunto de aptidões, alegando que esta não é mais do que um conjunto de traços de personalidade bem definidos. Em resposta às duras criticas de Davies e colaboradores (1998), assistiu-se a uma nova discussão entre os investigadores e decidiu-se agrupar a diversidade de definições ou propostas de modelos de inteligência emocional em (i) os modelos de habilidades que procuram explicar a inteligência emocional como uma série de operações necessárias para produzir e desenvolver as emoções através dos processos de resolução de problemas, e neles podem ser incluídos o modelo de Mayer e Salovey (1997); e (ii) os modelos mistos ou de traços que incluem, para além de habilidades, outros factores que mostraram ser importantes para o sucesso, incluindo-se aqui a maior parte dos modelos teóricos disponíveis (Bar-On, 1997, 2000; Goleman, 1998). Um outro pressuposto que distingue estes dois agrupamentos é o tipo de instrumentos de avaliação que defendem e/ou usam na sua investigação. Assim, enquanto os primeiros admitem uma inteligência emocional avaliada através dos testes de habilidades, os segundos aceitam como igualmente válidas as escalas de auto-relato.

Apesar de existir alguma falta de consenso em torno do seu conceito e medida, o termo inteligência emocional tem vindo a usufruir de uma ampla difusão em diversos contextos profissionais (Fernández-Berrocal & Extremera, 2006). A sua aplicação tem-se revelado eficaz nas áreas organizacionais (Boyatzis, 2006; Bradberry & Su, 2006; Jones, Chomiak, Rittman, & Green, 2006; Lopes, Grewal, Kadis, Gall, & Salovey, 2006), clínica e saúde (Mikolajczak, Luminet, & Menil, 2006; Velasco, Fernández, Páez, & Campos, 2006), e educacional (Márquez, Martín, & Brackett, 2006; Mestre, Guil, Lopes, Salovey, & Gil-Olarte, 2006).

Modelo das habilidades cognitivas da inteligência emocional

Na estrutura deste modelo conceptual afiguram-se dois vectores muito importantes: (i) as formas de processamento geral contidas nas emoções, e (ii) as habilidades que "entram" nesse processamento de informação. Este modelo contempla, assim, a capacidade para identificar e discriminar a informação inerente às emoções, e, ao mesmo tempo, salienta os aspectos motivacionais associados à capacidade para monitorizar as emoções que permitem uma adaptação dos indivíduos aos seus contextos e resolução dos problemas encontrados (Mayer & Salovey, 1993, 1997). A inteligência emocional surge, do ponto de vista destes autores, como um conjunto de capacidades mentais que facilitam o reconhecimento dos padrões das emoções e consequente capacidade para raciocinar e resolver problemas, dando corpo a uma nova modalidade de crescimento intelectual.

O modelo teórico encontra-se estruturado mediante a apresentação de dois eixos: complexidade e desenvolvimento (Quadro 4.1). No

Quadro 4.1 – Esquema da inteligência emocional
(Mayer & Salovey, 1997; adaptado de Franco, 2007a, p. 126)

Complexidade				
Gestão das emoções				
Capacidade de permanecer aberto aos sentimentos, sejam agradáveis ou desagraveis	Capacidade de comprometer-se reflectidamente ou desligar-se de uma emoção dependendo da sua utilidade	Capacidade de monitorizar as emoções em relação a si próprio e aos outros, tais como reconhecer quão claras, e razoáveis elas são	Capacidade de gerir emoções em si próprio e nos outros, moderando as emoções negativas e aumentado as positivas, sem reprimir nem exagerar a sua expressão	
Compreensão e análise das emoções				
Capacidade de nomear as emoções e reconhecer as relações entre as palavras e as próprias emoções	Capacidade para interpretar o significado que as emoções transmitem, por exemplo a tristeza associada muitas vezes a uma perda	Capacidade de compreender sentimentos complexos ou sua combinação, por exemplo, sentimentos de amor e ódio, ou de medo e surpresa	Capacidade de reconhecer prováveis transições entre emoções, tais como a transição da zanga para satisfação ou para a vergonha	
Assimilação das emoções				
As emoções determinam a ordem do pensamento dirigindo a atenção para a informação importante	As emoções estão suficientemente vivas e disponíveis de maneira que podem ser geradas como ajudas para julgamento e memória no que concerne às emoções	O estado emocional provoca alterações na perspectiva individual, desde o optimismo ao pessimismo, encorajando considerações de múltiplos pontos de vista	Os estados emocionais encorajam abordagens específicas dos problemas, por exemplo, a felicidade facilita o pensamento indutivo e a criatividade	
Percepção, avaliação e expressão das emoções				
Capacidade para identificar emoções nos seus estados físicos, sentimentos e pensamentos	Capacidade para identificar emoções nas outras pessoas, nas obras de arte, na linguagem e em aspectos do comportamento	Capacidade para expressar as emoções com precisão e para expressar as necessidades relativas a esses sentimentos	Capacidade para discriminar entre expressões precisas ou imprecisas, ou honestas versus desonestas	
Desenvolvimento				

eixo da complexidade pode-se verificar que os processos psicológicos de nível superior se encontram no topo (gestão de emoções, e compreensão e análise de emoções), surgindo na base os processos de percepção, avaliação e expressão de emoções. No eixo do desenvolvimento surgem primeiro as capacidades que, dentro de cada um dos quatro processos mentais aparecem numa primeira fase de maturação ou desenvolvimento psicológico, havendo depois o manuseio e complexidade crescente de tais capacidades, por referência a si próprio e aos outros, em consonância com a própria complexidade das situações.

Dois níveis de análise podem apontar-se. Um primeiro centrado na compreensão, análise e diferenciação das emoções; um segundo mais voltado para a combinação, manuseio e gestão das emoções. Esta análise pode incidir no próprio e nos outros, ao mesmo tempo que níveis mais elevados de complexidade e de desenvolvimento permitem a sua identificação e gestão em função dos contextos em que emergem e das próprias situações que podem desencadear. Assiste-se, assim, numa situação de máximo desenvolvimento e complexidade cognitiva, a habilidades de metacontrolo do estado das emoções (Mayer & Salovey, 1997), por exemplo, a destreza na manutenção e alteração dos estados de humor de forma a corresponder ao desejado numa determinada situação. Por outro lado, estes aspectos têm-se mostrado relevantes na explicação de comportamentos como a saúde e o bem-estar (Trinidad & Johnson, 2002) ou de comportamentos de empatia, satisfação pela vida e apoio familiar (Ciarrochi, Chan, & Caputi, 2000).

Deste modelo de análise resultaram inúmeras escalas e instrumentos, destacando-se nesse particular o *Trait Meta-Mood Scale* (TMMS Salovey, Mayer, Goldman, Turvey, & Palfai, 1995), a *Multifactor Emotional Inteligence Scale* (MEIS Mayer, Caruso, & Salovey, 1999), o *Mayer-Salovey-Caruso Emotional Intelligece Tests* (MSCEIT- Mayer, Caruso, & Salovey, 2001 cit por Mayer, Caruso, & Salovey, 2000), o *Schutte Self Report Inventory* (SSRI Schutte, Mallouff, Hall, Haggerty, Cooper, Golden, & Dornheim, 1998) e o *Emotional Skills and Competences Questionnaire* (ESCQ Taksic, 2000). Para Portugal foram adaptados os seguintes instrumentos: o TMMS (por Queirós, Fernández-Berrocal, Extremera, Carral, & Queirós, 2005), a MEIS (por Franco, 2003) e o ESCQ (por Faria & Santos, 2005). Os resultados encontrados revelam características psicométricas bastante razoáveis, as quais surgem reflectidas nos valores de consistência interna (na sua maioria acima de .70).

Modelos mistos ou de traços

Para Bar-On (1997), a inteligência emocional seria um conjunto "de capacidades, competências e *skills* que influenciam a habilidade para lidar com sucesso com as exigências e pressões do meio ambiente" (p. 14). Partindo do *"Emotional Quotient Inventory"* (EQ i) e dos resultados práticos resultantes de inúmeras aplicações, Bar-On (2000) edifica e desenvolve todo um conjunto de pressupostos teóricos que estariam na génese da sua teoria. Com estes estudos surge o modelo de inteligência social e emocional de Bar-On que mereceu grandes inspirações da teoria de Gardner (que posteriormente será descrita em pormenor), a qual acaba por influenciar uma série de processos latentes ao modelo. Nesse particular destaca-se uma forte aproximação e quase indissociação dos componentes sociais da inteligência (Franco, 2007a). Por outro lado, é necessário enfatizar a perspectiva abrangente e integradora do constructo, normalmente associado a uma inteligência não cognitiva (Bar-On, 1997) que influencia todas as outras aptidões cognitivas nas mais diversas tarefas do quotidiano (Bar-On, 2001). Este autor identifica as cinco grandes habilidades que, numa versão inicial, relacionou com 15 diferentes competências emocionais e sociais: Intrapessoais, Interpessoais, Adaptação, Gestão de stress e de Humor geral. Assim, dentro das competências definidas para cada uma destas habilidades, Bar-On (1997) identifica vários traços de personalidade.

O factor intrapessoal, ao qual estão associados competências como o auto-conceito, auto-consciência emocional, assertividade, independência e auto-actualização, consiste na capacidade de estar atento e compreender-se a si próprio e às suas emoções, e de expressar os seus sentimentos e as suas ideias. O factor interpessoal inclui as competências de empatia, responsabilidade social e relações interpessoais, representando a capacidade para estar atento, compreender e avaliar os sentimentos dos outros, assim como manter e estabelecer relações satisfatórias e responsáveis com outras pessoas. A adaptabilidade compreende o sentido da realidade, a flexibilidade e a resolução de problemas, consistindo na capacidade para aferir as emoções através de informações externas objectivas e para flexibilizar os modos de proceder. A gestão do stress, na qual se pode incluir a tolerância ao stress e o controlo dos impulsos, tem como objectivo a regulação das emoções. O humor geral, optimismo e felicidade, é a capacidade de ver os aspectos positivos de uma situação e de expressar aos outros sentimentos positivos.

O modelo de Bar-On foi sofrendo algumas transformações, acompanhando os dados obtidos na investigação com a sua escala. Assim, na segunda versão do seu modelo, Bar-On (2000) apresenta dez das quinze competências inicialmente enunciadas. São elas as seguintes: auto-conceito, auto-consciência emocional, assertividade, tolerância ao *stress*, controlo dos impulsos, sentido da realidade, flexibilidade, resolução de problemas, empatia e relações interpessoais. Cada uma destas competências é, por si, uma componente ou factor do seu constructo de inteligência emocional. As restantes cinco competências passa a designar como factores facilitadores, estando correlacionadas com os restantes factores, sendo elas: responsabilidade social, optimismo, felicidade, independência e auto-actualização.

Das dez componentes da inteligência emocional e social, o auto-conceito destaca-se como sendo o factor mais importante, não só por estruturalmente se ter revelado como o componente mais relevante com uma forte validade de construto, mas também pelo facto de se ter revelado como sendo um pré-requisito das capacidades de auto-consciência e empatia. Por sua vez, a auto-consciência manifestou ser o componente mínimo que qualquer modelo que aspire a definir inteligência emocional deve contemplar (Bar-On, 2000). O EQ i encontra-se actualmente traduzido em mais de 30 línguas e apresenta estudos que atestam a sua validade e fidelidade que surge apoiada pela robustez do modelo (Bar-On, 2006). De igual forma, a inteligência sócio-emocional medida nos vários factores da escala prediz diversos aspectos do desempenho humano (Bar-On, 2006). O instrumento revela-se ainda eficaz na avaliação das competências de gestão do stress em domínios que vão do comportamento organizacional até às áreas mais associadas à saúde (Franco, 2007b).

Um segundo modelo teórico é o defendido por Daniel Goleman. Este autor adquiriu uma enorme popularidade, em parte, fruto de alguns *best sellers* publicados (Goleman, 1996, 1998), mas também pelo desenvolvimento de uma corrente teórica que rapidamente se difundiu na comunidade científica e na opinião pública. A teoria assenta os seus pressupostos na definição de um conceito de inteligência que abarca no essencial cinco conceitos: auto-consciência, auto-regulação, motivação, empatia e competências sociais. Para que estas cinco habilidades possam funcionar de forma conveniente é necessário que um conjunto de 25 competências possam ser devidamente concretizadas. No âmbito de cada competência existe um padrão de comportamentos que as caracteriza, sendo estes mobilizados no sentido de concretizar as cinco aptidões da inteligência emocional (Quadro 4.2).

Quadro 4.2 – Modelo de Competência Emocional de Goleman (1998)

Autoconsciência	
Autoconsciência emocional	Reconhecer as próprias emoções e os seus efeitos
Auto-avaliação	Conhecer as próprias forças e limitações
Autoconfiança	Confiança nas capacidades e no valor próprio
Auto-regulação	
Autodomínio	Gerir emoções e impulsos negativos
Inspirar confiança	Conservar padrões de honestidade e integridade
Ser consciencioso	Assumir responsabilidade pelo desempenho pessoal
Adaptabilidade	Flexibilidade em lidar com a mudança
Inovação	Sentir-se à vontade e aberto a novas ideias, abordagens e informação
Motivação	
Vontade de triunfar	Lutar por se aperfeiçoar ou atingir um padrão de excelência
Empenho	Alinhar com os objectivos do grupo ou organização
Iniciativa	Estar preparado para aproveitar oportunidades
Optimismo	Persistência na prossecução dos objectivos, apesar dos obstáculos e reveses

Empatia	
Compreender os outros	Ter a percepção dos sentimentos e das perspectivas dos outros e manifestar um interesse activo nas suas preocupações
Desenvolver os outros	Ter a percepção das necessidades de desenvolvimento dos outros e fortalecer as suas capacidades
Orientação para o serviço	Antecipar, reconhecer e ir ao encontro das necessidades dos clientes
Potenciar a diversidade	Cultivar oportunidades com diferentes tipos de pessoas
Consciência política	Ler as correntes emocionais e as relações de poder de um grupo
Competências Sociais	
Influência	Exercer tácticas eficazes de persuasão
Comunicação	Ouvir com abertura e enviar mensagens convincentes
Gestão de conflitos	Negociar e resolver desacordos
Liderança	Inspirar e guiar grupos e pessoas
Catalisador da mudança	Iniciar e gerir a mudança
Criar laços	Alimentar relações instrumentais
Colaboração e cooperação	Trabalhar com outros para objectivos comuns
Capacidades de equipa	Criar sinergias de grupo na prossecução de objectivos colectivos

De acordo com Franco (2007a), este modelo sustenta um conjunto de críticas, normalmente associadas a três níveis: conceptual, metodológico e ético. Do ponto de vista conceptual, as críticas relacionam-se com a elevada inconsistência do constructo ao tentar abarcar, numa única definição, todo o vasto universo da inteligência emocional (Hedlung & Sternberg, 2000). Para além disso, Mayer, Salovey e Caruso (2000b) criticam a lista de competências associadas à teoria, considerando ser difícil atingir um patamar de excelência em todas as competências. Do ponto de vista metodológico, as críticas incidem nas induções e generalizações abusivas, a par do pouco rigor metodológico das suas pesquisas. Por exemplo, faltam referências aos estudos de validação dos instrumentos de avaliação da inteligência emocional utilizados. Aliás, as escalas propostas apresentam, normalmente, baixos índices de consistência interna. Por outro lado, as correlações e as tentativas de atribuir uma capacidade preditiva ao constructo redundam, muitas vezes, em afirmações infundadas e com pouco valor científico (Hedlung & Sternberg, 2000), havendo uma grande discrepância entre as ilações teóricas e a evidência empírica inerente aos dados (Keele & Bell, 2008). Por último, Franco (2007a) refere que os questionamentos éticos se encontram associados à forma popular e pouco científica com que Goleman procura descrever a sua teoria e transmitir a mensagem à comunidade em geral.

Para além do *Emotional Quotient Inventory* (EQ i Bar-On, 1997) referido atrás, estes modelos mistos surgem igualmente retratados em outros instrumentos como o *Emotional Competence Inventory* (ECI Boyatzis, Goleman, & Rhee, 2000) e o *Trait Emotional Intelligence Questionnaire* (TEIQ Pretrides & Furnham, 2003). Em Portugal o modelo de Daniel Goleman surge representado no *Questionário de Competências Emocionais* (Franco, 1999). Apesar de ter sido desenvolvido para aplicação a professores, têm surgido evidências que atestam a versatilidade do instrumento noutras populações (Franco, 2007b).

Como forma de suprir algumas lacunas nos modelos descritos atrás, Zeidner, Mathews, Roberts e MacCann (2003) apresentam um modelo de desenvolvimento das competências que de alguma forma procura contribuir para a explicação do fenómeno da inteligência emocional (Figura 4.1). Ao contrário das teorias anteriores, este modelo encontra-se mais centrado nos processos do que propriamente nos resultados e procura explicar a génese das diferenças individuais ao nível da inteligência emocional.

O modelo começa por referir que as competências emocionais resultam de alguns domínios importantes do ajustamento pessoal e social como a estabilidade emocional e a capacidade de controlo. Esta teoria procura ainda explicar que as crianças diferem entre si na aquisição de regras e na utilização de esquemas de comportamento que despoletam determinados sentimentos, emoções ou estratégias de *coping*. Neste âmbito é importante compreender o enquadramento sócio-cultural que define todo o reportório comportamental da criança.

O modelo procura explicar as diferenças individuais e do desenvolvimento das emoções em função de três aspectos: (i) inteligência emocional enquanto temperamento positivo; (ii) como regra de aprendizagem adquirida; e (iii) como forma de regulação emocional consciente.

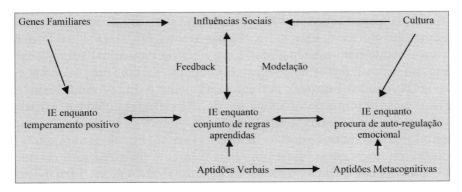

Figura 4.1 – Modelo de desenvolvimento das competências emocionais (adaptado de Zeidner et al., 2003)

As diferenças encontradas ao nível do primeiro ponto referente ao temperamento positivo associa-se normalmente aos genes que são herdados e às influências sociais fornecidas pelos pais, pares e professores. As regras aprendidas e que regulam a inteligência emocional provêm também dos núcleos pertencentes às esferas sociais dos indivíduos, sendo ainda influenciadas pelo domínio das aptidões verbais. Por último, a capacidade de regulação emocional remete outra vez para as influências sociais, sendo igualmente importante o papel da cultura e o desenvolvimento das várias aptidões metacognitivas que de alguma forma acabam por influenciar o processo auto-regulatório das emoções. Esta teoria embora recente, fornece-nos um contributo muito importante ao apresentar um quadro representativo do desenvolvimento da inteligência emocional e das causas que estão por detrás das diferenças individuais encontradas na avaliação da inteligência emocional.

Apesar de tudo, evidências empíricas tomando por referência a outras teorias, destacam de igual forma a importância do constructo e revelam que indivíduos com maiores domínios de inteligência emocional gerem melhor o impacto negativo das emoções em situações stressantes (Ruiz-Aranda, Fernández-Berrocal, González-Ordi, Miguel-Tobal, & Salguero-Noguera, 2007). Este estudo demonstra ainda que as pessoas com elevada reparação emocional descrevem menos sofrimento e desconforto e sentem-se mais capazes para gerir os seus estados emocionais. Outros trabalhos revelam que algumas dimensões da inteligência emocional contribuem para explicar 28% da variância associada à auto-estima e 39% associada à satisfação de vida (Cabello, Fernández-Berrocal, Extremera, & Ruiz-Aranda, 2007). De igual forma, a capacidade para percepcionar a inteligência emocional surge como um importante factor na redução do impacto de emoções mais negativas (Fernández-Berrocal, Extremera, Cabello, & Ruiz-Aranda, 2007). Instrumentos importantes como o MSCEIT reflectem uma capacidade diferencial do constructo em função do género e da idade. Outros estudos conduzidos com uma amostra espanhola demonstram que as mulheres apresentam valores significativamente mais elevados do que os homens em todas as dimensões da escala (Extremera, Fernández-Berrocal, Ruiz-Aranda, & Cabello, 2007). Ainda no que diz respeito à variável idade, foram encontradas correlações positivas ($p < .1$) com os valores da escala de inteligência emocional MSCEIT (Extremera et al., 2007). Deduz-se assim da existência de uma evolução da inteligência emocional em função da idade dos indivíduos.

Apesar da importância de todas as teorias até então descritas, Matthews e Zeidner (2000) defendem que qualquer teoria de inteligência emocional deve descrever os processos neuro-cognitivos por detrás das diferenças individuais em torno do constructo. Por outro lado, deve explicar como é que esses processos reflectem variações nas respostas adaptativas dos sujeitos face às diferentes realidades. Uma das principais criticas prende-se com a característica dos instrumentos e a sua incapacidade na mensuração das aptidões emocionais (Roberts, Zeidner, & Matthews, 2001). Nesse particular, os autores destacam o facto da MSCEIT diferenciar melhor os indivíduos com baixos scores de inteligência emocional do que sujeitos com elevados desempenhos. As teorias atrás descritas não parecem corresponder na íntegra a esses princípios, logicamente importantes. Pensamos que urge um movimento que considere estes pressupostos, sobretudo quando as teorias de inteligência emocional se limitam a fornecer listas de competências que excluem as medidas tradicionais de QI (Matthews, Zeidner, & Roberts, 2003). Por maior que seja o esforço, tem-se constatado que grande parte dos testes de inteligência emocional medem o conhecimento acerca das emoções e não as aptidões necessárias para resolver as tarefas relacionadas com o constructo que se pretende avaliar (Brody, 2004). Para além disso, verifica-se que grande parte dos instrumentos utilizados recorrem a medidas auto-reportadas que transportam consigo questões de desejabilidade social, as quais deturpam a essência das medidas (Paulhus, 2002). Apesar disso, uma análise da literatura mostra-nos que nem sempre tem sido fácil estabelecer comparações entre inteligência emocional e os testes de inteligência geral baseados em domínios mais cognitivistas (Matthews, Zeidner, & Roberts, 2005; Pérez & Castejón, 2007). De acordo com estes autores, verifica-se actualmente uma tendência de aproximação às neurociências e às abordagens sócio--cognitivistas. Com isto, acreditamos que estas aproximações influenciarão na elaboração de testes mais objectivos associados à percepção e regulação das emoções. Matthews e cols (2005) referem que a ênfase da investigação futura em torno do constructo de inteligência emocional deve recair nos processos e não tanto nos resultados. Ainda pouco se sabe acerca dos processos que estão por detrás da inteligência emocional e, neste sentido, interessa conhecer as bases neurológicas implicadas nas emoções, perceber as representações simbólicas das emoções, as estratégias auto-regulatórias utilizadas, bem como as estratégias de *coping* e as expressões verbais e não verbais das emoções. Interessa ainda compreender a importância do constructo nos mais diversos contextos de intervenção humana, bem como os métodos mais apropriados à sua avaliação (Fernández-Berrocal & Extremera, 2006).

Inteligência social

O conceito de inteligência social é extremamente abrangente, abarcando várias aplicações e contextos da realização humana. Em consequência, existem muitas definições e abordagens em torno do constructo (e.g., Candeias, 2003; Kihlstrom & Cantor, 2000). Por exemplo, o conceito pode estar relacionado com o conhecimento tácito e os domínios da inteligência prática (Sternberg & Horvath, 1999), estar associado à inteligência não académica assente num conhecimento do tipo mais declarativo e procedimental na área do social (Greenspan & Driscoll, 1997) ou, ainda, reflectir a personalidade dos indivíduos (Kihlstrom &

Cantor, 2000) ou os seus aspectos emocionais (Bar-On, 1997; Mayer et al., 2000a, 2000b).

Vários elementos comuns podem, no entanto, ser apontados aos vários autores e definições. Desde logo, inteligência social é entendida como a capacidade dos indivíduos para compreender os outros e entendê-los em função das suas interacções e contextos. Neste sentido, assume-se como o conjunto de conhecimentos que as pessoas possuem acerca do mundo social que as rodeia (Cantor & Kihlstrom, 1987) e que permite ao indivíduo um conjunto de comportamentos adequados à realidade social circundante.

Evolução histórica do conceito

A inteligência social, pese embora o interesse crescente na actualidade, sempre mereceu alguma atenção ao longo de um século de pesquisas na área da inteligência. Já na década de 20 do século passado, Thorndike (1921) encontrava este conceito presente nalgumas posições teóricas disponíveis. Este autor, aliás, diferencia na inteligência uma aptidão para compreender e gerir ideias (inteligência abstracta), uma aptidão para compreender objectos concretos (inteligência prática) e uma aptidão para compreender pessoas (inteligência social). Neste quadro, a inteligência social é por si definida como uma capacidade para compreender e gerir pessoas e para estabelecer padrões de comportamento adequados às diversas relações humanas (Thorndike, 1920).

Moss e Hunt (1927) surgiram como os grandes sucessores dos trabalhos de Thorndike, valorizando a inteligência social como uma aptidão decisiva para o desempenho dos sujeitos nas situações envolvendo a relação com os outros. Por sua vez, Vernon (1933) destaca o papel da inteligência social enquanto técnica de interacção social, estendendo a sua importância aos papéis estabelecidos nas relações com os membros dos grupos, incluindo aqui a capacidade para apreender determinados estados emocionais e para interpretar as emoções de pessoas desconhecidas.

Novos e importantes contributos surgiram na década de 60, em particular os trabalhos de Guilford (1967) a que já fizemos referência no primeiro capítulo. Recuperando a sua teoria da estrutura do intelecto (SOI), Guilford propõe um conjunto de habilidades cognitivas associadas ao processamento de conteúdos comportamentais, marcadamente de interacção social. De novo a compreensão dos sentimentos, atitudes e comportamentos dos outros emerge na definição de inteligência. Mais recentemente, destacam-se os trabalhos de Wong, Day, Maxwell e Meara (1995), para os quais a inteligência social refere-se à capacidade das pessoas para identificar e compreender os comportamentos verbais e não-verbais. Por extensão a este modelo, foram introduzidos os conceitos de *insight* social e conhecimento social. O primeiro reporta-se à capacidade para compreender os comportamentos no âmbito do contexto em que estes se encontram inseridos. Já a segunda dimensão refere-se a um conjunto de regras sociais adquiridas por uma determinada cultura dominante e que subentendem regras e etiquetas que definem os vários comportamentos sociais.

Mais recentemente, alguns autores procuram definir uma identidade própria para a inteligência social, tentando assumi-la como não reduzida ao mero exercício da cognição sobre material (situações, conteúdos) social. Não descurando a ideia de um processamento de informação social e de competências de compreensão e de acção ao nível das interacções sociais (La Haye, 1991), estes autores partem para um conceito mais geral entendendo, muitas vezes, a personalidade como uma forma de manifestação da inteligência social (Kihlstrom & Cantor, 2000). Assim, o comportamento social é inteligente e mediado por processos cognitivos complexos, por exemplo percepção, memória e raciocínio, sendo estes processos centrais ao nível das aptidões sociais (Bandura, 1973, 1986; Mischel, 1968, 1973; Rotter, 1954, 1966). Por outras palavras, parece existir todo um conjunto de processos cognitivos na forma como as pessoas filtram, recuperam e analisam as suas memórias e avaliam as suas expectativas de auto-eficácia em relação ao meio e ao comportamento dos outros. São ainda muito importantes os contributos de Kelley (1967) e os aspectos da atribuição causal; os estudos de Cantor e Mischel (1977) e as abordagens às categorias sociais; a teoria dos *scripts* de Schank e Abelson (1977), bem como os estudos de memória desenvolvidos por Hastie, Ostrom, Ebbesen, Wyer, Hamilton, & Carlston, (1980).

Estes autores, ditos de uma abordagem sócio-cognitiva da cognição e da personalidade, edificaram as bases do conceito actual de inteligência social, entendendo esta muito na interdependência com as estruturas e processos da personalidade. Por exemplo, salienta-se a importância da atenção, memória, pensamento, raciocínio, imagética e resolução de problemas na forma com as competências sociais são aplicadas no dia-a-dia. Para que haja uma perfeita integração e compreensão dos processos cognitivos torna-se necessário considerar o conjunto de experiências acumuladas pelo indivíduo, bem como os processos utilizados no manuseio desse conhecimento e no desempenho nesta área.

Algumas das novas abordagens e tendências em torno da inteligência social surgem também relacionadas com o ponto de vista de Gardner no âmbito da teoria das inteligências múltiplas, descrita mais à frente neste capítulo. De acordo com este ponto de vista, a inteligência social passa a ser encarada dentro de um sistema simbólico singular, cujas aptidões podem ser transmitidas por uma determinada cultura (Candeias, 2003). Estes pressupostos têm, como base, os estudos de Geertz (1975), cujos trabalhos etnográficos desenvolvidos em várias partes do globo (e.g., Java, Bali e Marrocos) permitiram um encontro de vários padrões culturais reportados a este constructo. O autor chegou à conclusão que estes padrões sustentam, de alguma forma, as regras e aptidões que governam as relações sociais entre os diferentes povos, definindo assim várias facetas de inteligência social.

Análise operacional e dimensional

Na estreita ligação com o modelo de inteligência de Guilford (1967), nomeadamente em torno do conceito de "conteúdo comportamental", O'Sullivan, Guilford, e deMille (1965) procuraram definir operacionalmente inteligência social, identificando em termos práticos algumas das suas dimensões. Assim, inteligência social define-se como uma aptidão para julgar as pessoas no que diz respeito aos sentimentos, motivações, pensamentos, intenções, atitudes e outras disposições psicológicas, fazendo-se esse juízo no quadro dos seus comportamentos e interacções sociais. Este tipo de capacidade distingue-se, de alguma forma, do estereótipo e das impressões que normalmente são estabelecidas *à priori*. Por contrário, a habilidade de reconhecimento de expressões faciais, tons de voz, posturas e gestos permitem aos sujeitos "pistas" para inferirem determinados comportamentos, atitudes e sentimentos nos outros.

Esta incursão operativa na definição da inteligência social permitiu um avanço metodológico na sua avaliação. A partir daí, assistiu-se a um esforço para se desenvolver materiais que permitissem descodificar as pistas utilizadas, numa clara intenção de se construírem itens próximos dos contextos reais, e que melhor pudessem descrever a manifestação da inteligência social dos sujeitos. Foi um pouco neste sentido que se desenvolveram testes baseados em conteúdo fotográfico, banda desenhada, desenhos ou gravações (sonoras e filmes). No Quadro 4.3 descrevemos as aptidões cognitivas associadas à inteligência social, seguindo a perspectiva de O'Sullivan e colaboradores (1965).

Quadro 4.3 – Descrição das várias aptidões cognitivas descritas (in O'Sullivan et al., 1965)

Cognição de unidades comportamentais	Capacidade para identificar o estado psicológico dos indivíduos.
Cognição de classes comportamentais	Capacidade para incluir as características de um indivíduo dentro de um grupo de pertença (ou grupo social).
Cognição de relações comportamentais	Capacidade para interpretar os significados das relações entre comportamentos.
Cognição de sistemas comportamentais	Capacidade para interpretar sequências de comportamentos sociais.
Cognição de transformações comportamentais	Flexibilidade para reagir de forma adequada às mudanças nos comportamentos sociais.
Cognição de implicações comportamentais	Capacidade para prever o que vai acontecer numa relação ou situação social.

De acordo com os próprios autores (O'Sullivan et al., 1965), este modelo revelou alguma independência das aptidões sociais identificadas relativamente a outros constructos de inteligência mais associados a uma cognição abstracta. Aliás, foram encontradas correlações entre medidas de QI e os subtestes de Guilford para a avaliação do conteúdo comportamental, contudo tais correlações não foram elevadas ao ponto de se poder afirmar que a inteligência social mais se pode confinar a um simples *factor g* aplicado a domínios sociais (Riggio, Messamer, & Throckmorton, 1991).

Outros autores analisam a inteligência social identificando os processos envolvidos na resolução dos problemas sociais (Newell, Shaw, & Simon, 1958). Para eles, a inteligência social contempla uma série de fases e etapas (Pret, Naples, & Sternberg, 2003), associando-se à capacidade para percepcionar e identificar os elementos que melhor definem os problemas. Com isto procuram enquadrar melhor tais problemas tendo em vista a definição de uma estratégia de resolução eficaz e adequada, para verificar e monitorizar os resultados e *feedback* obtido desses *outputs* (Pret et al., 2003).

Um passo importante na análise da inteligência social surge na abordagem ao pensamento reflexivo e nas medidas do desenvolvimento desta capacidade de reflexão social (Gibbs & Widaman, 1982). Para estes autores, os indivíduos possuem uma capacidade reflexiva que lhes permite compreender as relações e interacções, bem como, estabelecer análises e conclusões que marcam o seu agir nos contextos sociais. Na linha dos estádios de desenvolvimento moral propostos por Kohlberg (1963), este modelo considera uma série de padrões morais e éticos inerentes à reflexão social.

Os trabalhos de Kohlberg tiveram, com efeito, influência no campo da inteligência social, nomeadamente a compreensão da forma como as pessoas negoceiam em situações de conflito interpessoal, tendo em vista o alcance de certos objectivos e aspirações pessoais (Yeates & Selman, 1989). Por exemplo, as estratégias usadas pelos indivíduos diferem na sua complexidade cognitiva, traduzida em métodos diversos de resolução dos problemas: impulsivo, unilateral, recíproco e colaborativo. O primeiro refere-se a um acto imediato que normalmente é utilizado para a obtenção dos objectivos, permitindo de alguma forma evitar consequências negativas como agressão, violência, fuga ou submissão. No nível unilateral, imperam essencialmente as estratégias que visam os dois pólos de intervenção: controlo e domínio e submissão e acomodamento à situação vivida. Neste caso, estamos perante uma situação de ganho ou perda, em que uma das partes se sobrepõe à outra. Na situação de reciprocidade, tal como o nome indica, existe uma tentativa para alterar o comportamento dos outros por intermédio da persuasão e interacção recíproca. Finalmente, a um nível colaborativo, procura-se evoluir para um estádio em que ambas as partes ficam a ganhar, existindo para o efeito um conjunto de pressupostos assentes no diálogo e reflexão intra e inter-individuos (na procura de consensos que visem a satisfação de ambos).

Estes quatro níveis desenvolvimentais requerem um conjunto de processos cognitivos associados aos modelos de resolução de problemas (Dodge, 1986; Spivak Platt, & Shure, 1976). Parte-se de uma fase inicial de definição do problema na qual existe uma procura de enquadramento e clarificação dos objectivos inerentes à negociação. Segue-se uma fase de produção de alternativas para a qual são analisadas as várias estratégias e caminhos que levam à resolução do problema. A esta fase sucede-se uma terceira em que são definidas etapas intermédias, bem como estratégias condicentes com os objectivos traçados. De igual forma, existe todo um trabalho de mobilização dos recursos cognitivos necessários à resolução dos problemas. Por último, temos a avaliação dos resultados que inclui uma análise das valências associadas ao alcance dos objectivos e aos resultados das estratégias utilizadas (Yeates & Selman, 1989).

Por último, Cantor e Kihlstrom (1987) propõem que a inteligência social pode ser dividida em duas categorias distintas. Uma que abarca o conhecimento declarativo e que surge normalmente associada a memórias específicas e a conceitos de teor mais abstracto; uma outra que integra um conhecimento de tipo procedimental, que utiliza as regras e estratégias utilizadas na activação do conhecimento declarativo, permitindo a tradução do conhecimento em acção. Estas duas dimensões da inteligência social (conhecimento declarativo e conhecimento procedimental na área do social) reúnem algum consenso entre os autores (Gardner, 1983, 1999a; Greenspan & Driscoll, 1997; Guilford, 1959, 1985).

Inteligência Social: Uma perspectiva integrativa

Em pleno século XXI começaram a emergir novos pontos de vista que passaram a considerar a inteligência social numa perspectiva integradora. Um pouco nessa linha, Sternberg e Grigorenko (2003) desenvolveram um modelo teórico que procurava considerar a inteligência social como um processo integrado, assente em variáveis e dimensões distintas, mas em interacção. De acordo com estes autores, um conjunto de seis facetas concorrem entre si tendo em vista a explicação do constructo de inteligência social, a saber: aptidões metacognitivas, aptidões utilizadas para a aprendizagem, o pensamento, o conhecimento, a motivação e a experiência. De acordo com os autores, qualquer processo de manifestação da inteligência social requer a utilização destes seis elementos. As competências são adquiridas por intermédio de prática deliberada, a qual resulta da activação de aptidões metacognitivas responsáveis pela aprendizagem. Essa activação só é possível por intermédio da motivação individual que mobiliza as seis dimensões responsáveis pela resolução dos problemas. Desta forma, podemos considerar a inteligência social como resultando dos conteúdos sociais armazenados na memória e da eficiência dos processos que activam esses conteúdos. Esta teoria será retomada mais à frente neste capítulo.

Um segundo modelo integrativo de inteligência social (Goleman, 2006) tem por base uma teoria que integra dois eixos importantes. Por um lado, o sentimento que as pessoas nutrem umas pelas outras (consciência social) e, por outro, a capacidade de aplicar esse sentimento ou consciência (facilidade social). Ao nível da consciência social associam-se aptidões sociais importantes como empatia primária (capacidade para captar sinais nos comportamentos não verbais), sintonia (aceitar os pontos de vista dos outros), acuidade empática (compreender os outros nos seus pensamentos e sentimentos) e cognição social (compreender as regras que regem a realidade social). Na dimensão facilidade social, surgem aptidões importantes como sincronia (interacção num registo de comportamentos não verbais), auto-apresentação (capacidade para se fazer apresentar em público), influência (conseguir antecipar e planear determinados comportamentos e acontecimentos sociais) e interesse (capacidade para vivenciar e agir em função das necessidades dos outros).

O modelo de Goleman tem o mérito de introduzir capacidades e aptidões de inteligência social que vão muito para além das facetas cognitivas, possuindo uma teoria que tem uma base neurológica e que procura explicar a inteligência social por intermédio de dimensões não cognitivas, por exemplo, a empatia primária, a sincronia e o interesse. Goleman (2006) trata estas aptidões reportando-as a um nível inferior ao neocortex e, cujos registos são deveras importantes para assegurar critérios de adaptação e sobrevivência da espécie humana enquanto entidade social. O autor que ficou conhecido pelos seus modelos de inteligência emocional, estabelece ainda uma analogia entre aptidões de inteligência emocional e de inteligência social. Desta forma, considera que a aptidão consciência de si mesmo (inteligência emocional) encontra o seu correspondente na inteligência social ao nível da aptidão de consciência social. Por outro lado, a variante emocional de autogestão encontra consonância ao nível da inteligência social na aptidão facilidade social.

Do ponto de vista metodológico, Goleman (2006) considera a existência de vários níveis de acesso à inteligência social. Desde níveis mais superficiais, obtidos por intermédio de questionários, até níveis mais profundos, cujos questionários dificilmente conseguem aceder. Neste particular, o autor considera mais adequado o recurso às novas tecnologias (e.g., realidade virtual) ou opiniões de terceiros e de pessoas que tenham um conhecimento profundo dos sujeitos. Desta forma, salienta que o carácter multidimensional da inteligência social deve ser acedido por métodos diferentes.

Perante estas evidências de Goleman, e em jeito de conclusão, podemos constatar que o constructo de inteligência social é deveras complexo e multifacetado. Esta constatação condiciona a existência de consensos na área e, ainda, diversifica os processos avaliativos da inteligência social. Os itens que supostamente avaliam a inteligência social integram normalmente questões de conteúdo e formato diverso, por exemplo, respostas de verdadeiro e falso face a situações bem específicas (e.g., é adequado rir num funeral? Sim/Não). Logicamente que em tais situações se critica o facto destes itens apenas permitirem avaliar o conhecimento social dos indivíduos. Claro que aqui se poderá postular que, mais que comparar um indivíduo com uma norma (perspectiva psicométrica), importa saber qual a inteligência social que uma pessoa possui e de que forma os seus conhecimentos podem influenciar (ou não) os seus comportamentos sociais. Não interessa tanto um reportório individual de competências em torno da inteligência social, mas sim compreender os processos e estruturas cognitivas inerentes à sua aplicação nas situações concretas do quotidiano.

Ainda uma análise diferencial do constructo salienta a importância nos diagnósticos clínicos, tendo sido encontradas correlações significativas entre inteligência social e capacidade de comunicação, competências pessoais e sociais, assim como outras competências com implicações negativas ao nível do atraso mental. De igual forma, foram encontradas evidências que associam indivíduos com autismo a baixos valores de inteligência social (Baron-Cohen, 1995; Leslie, 1987). Neste particular, destaca-se um estudo de Gardner (1983) em que sujeitos autistas apresentam dificuldades em compreender o estado psicológico dos outros. Este estudo revela ainda que a compreensão das crenças, sentimentos e conhecimentos dos outros surgem como competências basilares da inteligência social.

Apesar de contarmos com quase um século de desenvolvimentos e incursões em torno do constructo de inteligência social, permanecem ainda algumas questões por responder (Kihlstrom & Cantor, 2000). Por exemplo, desconhece-se ainda a relação entre desenvolvimento normal e a aquisição dos conhecimentos sócio-cognitivos inerentes à inteligência social. Parece, também, que não se encontrou ainda uma resposta que contraponha as afirmações de Wechsler (1939, 1958), segundo o qual a inteligência social mais não é do que uma inteligência geral associada aos domínios sociais. Estas questões não descuram a importância do constructo para a inteligência, merecendo novos desenvolvimentos e avaliações que explorem as várias facetas e algumas questões que ainda se encontram por responder. É necessário explorar o constructo e estruturar as suas componentes avaliativas através da construção de instrumentos que tenham em conta os avanços teóricos e conceptuais em torno do conceito de inteligência social (Candeias, 2007).

Teoria das Inteligências Múltiplas

A abordagem de Gardner sobre inteligência caracteriza-se por alguma originalidade face às teorizações anteriores (Walters & Gardner, 1986). Por exemplo, ela diverge das teorizações psicométricas na medida em que questiona a existência de uma inteligência singular, estável e representativa do leque de comportamentos cognitivos (Chen & Gardner, 1997); apela à resolução de problemas contextualizados para a avaliação das inteligências e não a testes estandardizados; e, propõe que as diversas inteligências decorrem de uma interacção entre potenciais biológicos e oportunidades de aprendizagem existentes numa determinada cultura (Kornhaber, Krechevsky, & Gardner, 1990). Esta abordagem afasta-se também da perspectiva de Piaget na medida em que defende que, para que ocorram mudanças progressivas num domínio intelectual, devem estar presentes, de forma sistemática e continuada, determinadas condições ambientais. Estas condições podem ser de carácter material, tecnológico, social ou cultural, atribuindo-se um papel activo à educação e não aceitando que o desenvolvimento cognitivo ocorra por si próprio ou mecanismos internos. Em sua opinião, as condições ambientais promovem o desenvolvimento das habilidades intelectuais (Chen & Gardner, 1997).

Gardner (1983, 1993, 1999a) defende que a inteligência é uma habilidade ou um conjunto de habilidades que permite a um indivíduo a resolução de problemas ou realizar produções características de uma dada cultura. A competência de resolução de problemas permite a abordagem a uma situação onde é necessário localizar e perseguir um objectivo a alcançar. Os problemas a serem resolvidos podem variar entre a criação do final para uma história, a antecipação de uma jogada de xadrez ou o remendar de um tecido. A criação de um produto cultural é a forma privilegiada para adquirir e transmitir conhecimento, formular novos conhecimentos e exprimir opiniões e sentimentos. Estes produtos vão desde as teorias científicas e as composições musicais até às campanhas políticas, e são consequência do grau em que a sociedade tenta estimular o seu crescimento e desenvolvimento através de recursos tais como a educação, o desenvolvimento económico ou a melhoria do estatuto social.

Para além disso, a teoria das inteligências múltiplas propõe uma origem biológica para cada faculdade mental, sendo consideradas apenas as competências que são universais à espécie humana. Mesmo assim, a dimensão biológica inerente a uma forma de actividade mental requer a manipulação cultural ou incorporação cultural dessa actividade. Por exemplo, a linguagem, uma competência universal, pode ser expressa numa cultura de forma escrita e noutra de forma verbal, ou ainda numa terceira através de um código secreto, num anagrama (Walters & Gardner, 1986). Como o próprio Gardner (1993) escreve: *"My review of studies of intelligence and cognition has suggested the existence of a number of different intellectual strengths, or competences (...). The review of recent work in neurobiology has again suggested the presence of areas in the brain that correspond to certain forms of cognition; and these same studies imply a neural organization that proves hospitable to the notion of different modes of information processing."* (p. 59).

Mas, considerando a tendência de identificação de inteligências enraizadas na biologia e avaliadas em uma ou mais culturas, como é que se descobre uma "inteligência"? Gardner (1993) indica-nos dois aspectos a considerar antes de iniciarmos a caracterização de cada uma das competências intelectuais. Fala em pré-requisitos de inteligência e em critérios de inteligência. Em relação aos primeiros, diz que uma competência intelectual deve englobar um conjunto de habilidades de resolução de problemas, permitindo ao indivíduo *"to resolve genuine problems or difficulties"* (p. 60) quando deparar com eles e, quando se mostrar adequado, criar um produto eficaz (que também pode englobar o potencial para encontrar ou criar problemas) o qual pode constituir a base para a aquisição de novos conhecimentos dentro dum determinado contexto cultural. De uma forma mais global, um pré-requisito para uma teoria de inteligências múltiplas é que ela capte uma panóplia de habilidades valorizadas numa dada cultura (por exemplo, deve considerar-se as competências de um xamã e de um psicanalista bem com as de um *yogi* e de um santo). Paralelamente, Gardner identificou também alguns critérios, ou "sinais", com a intenção de determinar os aspectos subjacentes às diferentes inteligências e a isolá-las (Gardner, 1983, 1993; Walters & Gardner, 1986), que descrevemos, sucintamente, no Quadro 4.4.

Quadro 4.4 – Critérios a considerar na identificação e delimitação das diferentes inteligências

Critérios	*Descrição*
Efeitos decorrentes de lesões cerebrais	Uma dada faculdade mental pode ser destruída, ou isolada, na sua autonomia relativa a outras habilidades mentais em consequência de uma lesão cerebral. Estas consequências das lesões cerebrais podem evidenciar diferentes habilidades cognitivas que constituem as inteligências humanas.
Estudos com *"idiots savants"*, sobredotados e outros casos excepcionais	No caso de prodígios encontramos, frequentemente, indivíduos precoces numa dada área (ou, ocasionalmente, em mais do que uma). No caso de *"idiots savants"* (e outros indivíduos com atraso, como por exemplo, autistas) encontramos uma habilidade mais desenvolvida face a uma série de outras muito pouco desenvolvidas, ilustrando a sua independência.
Existência de um ou mais mecanismos básicos de processamento da informação	A existência de uma ou mais operações básicas de processamento de informação, que possa(m) lidar com tipos específicos de *input*, é central para a sua noção de inteligência. Esta pode ser activada por dada informação interna ou externa (por exemplo, sensibilidade ao tom como uma parte importante da inteligência musical).
Existência de uma história desenvolvimental distinta	Uma inteligência deve ter uma história desenvolvimental identificável através da qual os indivíduos "normais" e dotados passem no decurso da sua ontogénese. Ainda, deve ser possível identificar diferentes níveis de habilidade no desenvolvimento de uma inteligência, bem como distinguir períodos críticos ou marcos na história desenvolvimental relacionados com o treino ou a maturação física.

Critérios	Descrição
Existência de uma história filogenética	As origens das inteligências actuais remontam há milhões de anos na história das espécies. Uma inteligência específica torna-se mais plausível quanto mais se conseguir situar os seus antecedentes evolutivos, incluindo as capacidades que são partilhadas com outros organismos (por exemplo, a música dos pássaros ou a organização social dos primatas).
Evidências de estudos experimentais	Os estudos de psicologia experimental descrevem o funcionamento das habilidades "candidatas" a inteligências. Por exemplo, permitem estudar os pormenores da linguística ou do processamento espacial, possibilitando a diferenciação das diversas inteligências.
Evidências de estudos psicométricos	Os estudos psicométricos constituem também uma fonte de informação relevante para a identificação e diferenciação das inteligências, mesmo que a interpretação dos resultados nos testes seja controversa.
Possibilidade de codificação num sistema simbólico	Muita da representação humana e comunicação do conhecimento ocorre através de um sistema simbólico (sistemas de significados culturalmente concebidos que captam formas importantes de informação). A linguagem, a pintura e a matemática são três sistemas simbólicos importantes na sobrevivência e produtividade humana.

Apenas aquelas inteligências consideradas que satisfaziam todos ou quase todos os critérios apresentados, eram seleccionadas. Muitas outras inteligências analisadas foram rejeitadas porque preenchiam poucos critérios. Igualmente eram rejeitadas aquelas inteligências em que um critério refutava outro. Uma vez esboçadas as características básicas de uma inteligência descrevemos, brevemente, as sete inteligências identificadas, inicialmente, por Gardner (1983): musical, linguística, espacial, corporal-quinestésica, lógico-matemática, intrapessoal e interpessoal.

Inteligência Musical: permite às pessoas criar, comunicar e compreender significados através de sons. Desenvolve-se muito cedo (em crianças talentosas aos 2 ou 3 anos de idade). Os componentes que caracterizam esta inteligência incluem, por exemplo, a sensibilidade ao ritmo e ao timbre. Os estudos sobre localização cerebral indicam que os processos e mecanismos subjacentes a esta capacidade estão localizados, nos indivíduos considerados normais, no hemisfério direito. Uma vez que a inteligência musical não é tão valorizada na nossa cultura como a linguística ou a lógico-matemática, existe pouco incentivo ao desenvolvimento desta capacidade com a excepção de indivíduos talentosos (Gardner, Kornhaber, & Wake, 1996; Krechvsky & Gardner, 1994).

Inteligência Linguística: é a capacidade para manipular e estruturar os significados e as funções das palavras e da linguagem. É a mais estudada de todas as inteligências e cuja evidência nos surge da psicologia desenvolvimental ao apontar uma capacidade universal de desenvolvimento rápido para o discurso nos indivíduos considerados normais. Os mecanismos de processamento da informação envolvidos nesta inteligência incluem a fonologia (sons do discurso), sintaxe (gramática), semântica (significado) e pragmática (implicações e usos da linguagem em vários contextos). A autonomia desta inteligência é mais facilmente demonstrada por uma localização no hemisfério esquerdo dos mecanismos subjacentes à linguagem e a zona de Broca. Lesões específicas nesta região do cérebro causam dificuldades na discriminação fonológica ou na pragmática do discurso, por exemplo (Gardner et al., 1996; Krechvsky & Gardner, 1994).

Inteligência Espacial: relaciona-se com a capacidade para perceber informação visual ou espacial, para transformar e modificar esta informação, e para recriar imagens visuais mesmo sem referência a um estímulo físico original. A inteligência visual não depende da sensação visual, uma vez que os sujeitos invisuais também a utilizam, por exemplo, ao construirem a imagem mental das suas casas (Landau, Gleitman, & Sperke, 1981). As habilidades básicas desta inteligência incluem a capacidade para construir imagens em três dimensões, e mover e rodar estas representações. O processamento da informação espacial envolve as partes posteriores do hemisfério direito, mais concretamente, os lobos parietal e temporal, e entre as conexões entre eles e outras regiões do cérebro. Lesões nestas zonas causam dificuldades na atenção visual, na representação e na orientação espacial, na produção de imagens mentais e na memória (Gardner et al., 1996; Krechvsky & Gardner, 1994).

Inteligência Corporal-quinestésica: engloba habilidades para usar objectos ou utilizar todo o corpo ou partes dele (ex: mãos ou boca) na solução de problemas ou na construção de produtos (ex: bailarinos, atletas, cirurgiões). O controlo dos movimentos corporais está localizado no córtex motor no hemisfério esquerdo. Lesões nestas zonas podem causar a existência de apraxias. A perda de movimentos voluntários específicos na ausência de paralisias gerais ou a perda de sensibilidade constituem uma intrigante evidência para a existência desta inteligência (Krechvsky & Gardner, 1994; Walters & Gardner, 1986).

Inteligência Lógico-matemática: envolve o uso e a apreciação de relações abstractas. O desenvolvimento desta inteligência foi muito estudado por Piaget (1983), que defende a sua iniciação com a manipulação de objectos físicos. Depois, estas acções internalizam-se de tal forma que nos estádios finais a criança é capaz de operar, não só com objectos ou imagens mentais dos mesmos, mas com palavras e símbolos. Em contraste com a linguagem e a música sabe-se, comparativamente, muito pouco dos antecedentes evolucionários da habilidade matemática e a sua organização cerebral nos domínios dos lobos frontais (Krechvsky & Gardner, 1994). Walters e Gardner (1986) falam-nos em dois aspectos relacionados com a inteligência lógico-matemática. O primeiro remete-nos para o facto de, nos indivíduos sobredotados, o processo de *problem-solving* ser muito rápido, e o segundo, para o facto de a solução do problema poder ser encontrada antes de ser "articulada" (o familiar *"aha"*, ou seja, a ocorrência de *insight*).

Inteligência Intrapessoal: envolve uma série de processos que permite ao indivíduo discernir os seus sentimentos, forças, fraquezas e desejos. Inclui a capacidade para operar de forma adaptativa baseada no auto-conhecimento. Alguns escritores utilizam esta habilidade nas suas produções literárias, como por exemplo, Virginia Wolf (Walters & Gardner, 1986). Recentemente, Gardner (1993) enfatizou o papel desta inteligência na construção de imagens pessoais e que lhe permite tomar decisões adequadas na sua vida. Assim, esta inteligência pode actuar como uma *"central intelligences agency"*, capacitando os indivíduos para um melhor conhecimento das suas habilidades e perceber como as poderão utilizar de uma forma mais eficaz nos seus projectos de vida e construção da sua identidade (Kornhaber & Gardner, 1991).

Inteligência Interpessoal: pode definir-se como a capacidade para compreender os outros indivíduos, de forma particular os seus sentimentos, temperamentos, motivações e intenções. Engloba também a capacidade para trabalhar e relacionar-se com os outros, podendo assumir distintos papéis, tais como, líder, negociador, facilitador ou amigo (Gardner et al., 1996; Krechvsky & Gardner, 1994).

Para o autor, o funcionamento cerebral da inteligência pessoal (intra e interpessoal) está relacionado com os lobos frontais do cérebro. Lesões nestes lobos interferem com o desenvolvimento da habilidade inter e intra-pessoal (Gardner et al., 1996; Krechvsky & Gardner, 1994). No quotidiano dos sujeitos parece difícil a separação destas duas inteligências, mas algumas provas da sua autonomia parecem verificar-se quando algumas patologias as afectam. Por exemplo, a inteligência interpessoal parece não existir em autistas, enquanto noutras doenças psicopatológicas os indivíduos parecem ter consciência dos sentimentos e motivações dos outros, mas não são capazes de reconhecerem os seus (Damasio, 1997; Gardner, 1993; Goleman, 1997).

Estas foram as sete inteligências apresentadas, inicialmente, por Gardner. No entanto, o autor não defende que esta lista seja definitiva. Aliás, em produções mais recentes o autor propõe a existência de três inteligências mais, denominadas *"inteligencia naturalista"* (Gardner, 1999b; Torff & Gardner, 1999), *"inteligência existencial"* e *"inteligência espiritual"* (Gardner, 1999b, 2003).

A oitava inteligência envolve a capacidade para compreender e trabalhar de forma eficaz no mundo natural. Na sua definição, o autor faz referência àquilo que seria um tipo de competência associada ao reconhecimento da flora e da fauna, muito relacionadas com as aptidões desenvolvidas por zoólogos, naturalistas e biólogos (como Darwin, por exemplo). Uma das capacidades fundamentais da inteligencia é sem dúvida o domínio da percepção. Para o autor, o funcionamento cerebral da inteligência naturalista está relacionado com o lobo parietal esquerdo (que discrimina os seres vivos dos não vivos).

A denominada inteligência existencial, refere-se à capacidade que um indivíduo possui para situar-se com as facetas mais extremas do cosmos, e com determinadas características existenciais da condição humana, como o significado da vida e da morte, o destino final do mundo físico e o mundo psicológico, e certas experiencias como sentir um profundo amor ou apaixonar-se por uma determinada obra de arte. A partir de diversos estudos de localização cerebral deduz-se que certas áreas do lobo temporal direito associam-se a novas formas de inteligência, cuja explicação não ultrapassa o domínio meramente teórico.

Por último, para a denominada inteligência espiritual, Gardner propõe três significados distintos para a palavra "espiritual": (i) o espiritual como inquietação face a questões cósmicas ou existenciais (e.g.: quem somos?; de onde viemos?; o que nos reserva o futuro?); (ii) o espiritual como uma expressão da existência de cada indivíduo; e (iii) o espiritual como uma forma de efecto manifestada para com os outros (e.g., Madre

Teresa de Calcutá). No que diz respeito à inteligência espiritual, Gardner destaca a dificuldade encontrada na análise dos vários aspectos relacionados com o conceito de espiritual, e como consequência, esta surge como uma das áreas menos estudadas e comprovadas cientificamente.

Partindo das descobertas acerca da cognição humana e dos seus desenvolvimentos, bem como da necessidade sentida para uma alternativa à avaliação formal, Gardner e alguns colegas começaram a desenhar projectos e programas, ao abrigo do *Harvard Project Zero*. Estes projectos visavam novas abordagens à avaliação, orientadas no sentido de favorecer a aprendizagem das inteligências múltiplas em contexto escolar: o *Project Spectrum*, o programa *Key School*, o projecto *Practical Intelligence for School* (PIFS) e o projecto inserido no domínio específico das artes, denominado *Arts PROPEL* (Ferrándiz, 2005; Ferrándiz, Prieto, Ballester, & Bermejo, 2004; Prieto, & Ballester, 2003).

O *Project Spectrum* constitui um desses esforços dirigidos a crianças mais novas (Gardner, Feldman, & Krechevsky, 1998a, 1998b, 1998c) e cujo duplo objectivo remete para a necessidade de (i) desenhar um procedimento de avaliação das competências cognitivas dos alunos e (ii) oferecer um *currículum* cognitivo que promova o ensino de conhecimentos, competências e atitudes. O Projecto Spectrum traduz-se numa série de benefícios para as crianças: (i) motiva os alunos através de jogos e actividades significativas e contextualizadas; (ii) esbate a diferença entre currículum e avaliação, integrando de uma forma mais eficaz a avaliação no programa educativo normal; (iii) a avaliação da competência cognitiva faz-se com instrumentos de observação directa dos comportamentos inteligentes observados *in loco*; e (iv) reune ideias sobre a forma como a criança mobiliza o seu potencial para aceder às áreas do conhecimento mais inacessíveis e difíceis.

Os métodos baseados nos projectos *Key School* foram desenvolvidos para que as crianças ao nível da educação primária construam os seus conhecimentos através da aprendizagem por descoberta. Neste projecto incluem-se professores, pais, *experts* da comunidade educativa e qualquer pessoa que possa ajudar e ensinar uma criança em qualquer tarefa, conhecimento ou aptidão requerida para o nível de inteligência correspondente à sua idade e fase de desenvolvimento. Nestes projectos, os alunos podem eleger os temas e debates que melhor se adequam aos seus interesses, e como consequência os programas proporcionam oportunidades para desenvolver competências, estimular a criatividade, a cooperação e o debate com os colegas.

O projecto *Practical Intelligence for School* foi desenhado por um grupo de investigadores, entre os quais destacam-se Williams, Blythe, White, Li, Sternberg e Gardner (1996). Com este projecto pretende-se solucionar os problemas que os alunos encontram na escola. Para que tal seja possível concebem dois objectivos distintos: (i) identificar um procedimento adequado que permita preparar os jovens estudantes com insucesso escolar para que possam obter bons resultados académicos, bem como, uma adaptação adequada ao meio e a uma futura profissão; e (ii) desenvolver e atestar um modelo multifacetado de inteligência prática associada ao enquadramento escolar dos alunos. A inteligência prática surge como a capacidade que permite compreender o meio envolvente e utilizar esse conhecimento para encontrar um caminho adequado para aceder a objectivos concretos. Este projecto inclui as cinco grandes competências que do ponto de vista dos autores são as necessárias para obter um bom rendimento escolar: conhecer o porquê das tarefas; conhecer-se a si mesmo; conhecer as diferenças; conhecer o processo ensino-aprendizagem; e reelaborar trabalhos e actividades. Finalmente, o projecto incluido no domínio das artes – *Arts PROPEL* – apresenta como objectivo a elaboração de um conjunto de intrumentos de avalição que podem documentar a aprendizagem artística (musical, visual e escrita criativa), durante os últimos anos da educação básica e durante o secundário. Os alunos trabalham em projectos e utilizam rascunhos, revisões e trabalhos finais que são colocados dentro de dossiers tipo "*portfolio*". Estes últimos proporcionam dados importantes sobre o seu desenvolvimento criativo, proporcionando ao aluno uma reflexão sobre o seu processo de aprendizagem. Este tipo de avaliação gera mais oportunidades para reconhecer e impulsionar as competências que podem não ser evidentes no produto final da avaliação.

Se analisarmos as inovações que supostamente utilizam estes procedimentos de avaliação a partir das inteligências múltiplas, observamos que existe uma tentativa para incluir os seguintes componentes no processo de avaliação das inteligências múltiplas: a perspectiva evolutiva; a evidência da existência de inteligências múltiplas; o potencial criativo; a aprendizagem em contexto escolar; um maior ênfase no proceso ensino-aprendizagem; a validade ecológica; em relação à inteligência os instrumentos de avaliação deixam de ser neutros; a utilização de múltiplas medidas; a sensibilidade face às diferenças individuais e a atenção em torno da diversidade de aulas existentes; a utilização de materiais intrinsecamente interessantes e motivadores; e aplicar a avaliação em prol do aluno. Assim, este novo modelo dinâmico de avaliação valoriza o desenvolvimento das competências, presta especial atenção aos pontos fortes de cada aluno e, em definitivo, oferece uma visão educativa mais completa e íntegral.

Krechevsky e Gardner (1994) relembram-nos que o desenvolvimento das inteligências nos diferentes indivíduos reflecte uma combinação de influências ambientais e de factores hereditários. Por outras palavras, e apesar de as inteligências terem origem num potencial biológico, para compreendermos a competência real de cada indivíduo também é necessário ter em consideração o contexto cultural no qual ele trabalha. Assim, as principais contribuições da teoria das inteligências múltiplas poderão ser resumidas a dois pontos. O primeiro relaciona-se com a tomada em linha de conta, nas suas investigações, dos contextos em que os problemas ocorrem e as diferentes soluções que podem surgir consoante a cultura de pertença dos sujeitos. Um segundo ponto, prende-se com o facto de praticamente todos os papéis culturais requererem várias inteligências, o que torna importante considerar o indivíduo com uma colectânea de aptidões em vez de ser possuidor de uma faculdade única de resolução de problemas que possa ser avaliada directamente por testes de resposta rápida (Walters & Gardner, 1986).

A teoria das inteligências múltiplas coloca, por último, desafios aos principais pilares das teorias tradicionais de inteligência. No entanto, tal estatuto não a iliba da formulação de algumas críticas. O próprio autor (Gardner, 1993) articulou algumas considerações a esse respeito, reconhecendo que a sua teoria foi conceptualizada por demonstração, isto é, recorrendo a exemplos e indicando a utilidade das suas inteligências conforme eram utilizadas em diferentes contextos culturais. Neste sentido, não estamos face a uma teoria científica no sentido literal do termo. Considera, ainda, a sua teoria aberta a novas investigações e descobertas, ou a outras formulações conceptuais da inteligência decorrentes de estudos do sistema nervoso ou de processos culturais diversos.

Outros autores criticam a teoria das inteligências múltiplas a um nível teórico e a um nível empírico. Nas suas conceptualizações teóricas, Sternberg (1991a), Eysenck (1994) e Scarr (1985) críticam Gardner por considerar, na construção da sua teoria, a premissa de que a psicologia considera uma habilidade unitária avaliada pelos testes de QI. Contudo, a maioria dos psicólogos não considera que esses testes reflictam o universo das capacidades humanas, antes constituem apenas uma amostra do desempenho intelectual. Referem-se ainda à forma abusiva como o termo inteligência é utilizado na teoria, argumentando que Gardner denomina por inteligência, aquilo que muitos autores descrevem como aptidões específicas. Scarr (1989) argumenta também que rotular as diversas habilidades como inteligências (como por exemplo, corporal-quinestésica, social ou musical) não contribui para uma compreensão mais clara da inteligência, da personalidade ou de áreas de habilidades mais específicas como a música ou o movimento. Acrescenta ainda que tais designações "turvam" a distinção entre a inteligência e as outras características humanas (Herrnsteisn & Murray, 1994), e que a denominação de várias inteligências por Gardner é mais motivada por considerações sociais do que científicas (Scarr, 1985).

Duas outras críticas em relação à asserção da autonomia das inteligências, na teoria de Gardner, merecem ser referidas. Em primeiro lugar, alguns autores referem que as décadas de pesquisa psicométrica evidenciam que as habilidades se encontram correlacionadas (Messick, 1992; Scarr, 1985). Neste sentido, são vários os dados a demonstrar que um bom desempenho num determinado domínio da inteligência, reflectem normalmente resultados elevados noutra faceta distinta da inteligência. Estas argumentações são ainda suportadas por alguma evidência neuropsicológica bem como, nas consequentes intercorrelações encontradas nas várias aptidões humanas, desconhecendo-se estudos nestes domínios que validem o modelo das inteligências múltiplas. Na realidade, nenhum desses trabalhos conseguiu encontrar circuitos neuronais especializados para inteligências tão específicas como linguagem, música, emoções, etc. (Waterhouse, 2006). Gardner contrapõe, dizendo que para compreender a independência das inteligências seria necessário que as avaliações fossem *"intelligence-fair"*, sendo que os testes psicométricos avaliam não só as aptidões de uma dada inteligência, mas também, a competência necessária para responder a testes, comum aos vários testes psicométricos. Em segundo lugar, referimos que alguns autores questionam a possibilidade de as várias inteligências estarem sob a coordenação de uma função executiva geral à realização de tarefas (Messick, 1992). Gardner argumenta contra uma hierarquia executiva de tal ordem. Quando muito, segundo ele, a inteligência intrapessoal poderia satisfazer esta função de coordenação. No entanto, outro crítico (Sternberg, 1994) sugere qu esta ideia *"smells a bit like g"*.

No campo prático, as críticas à teoria das inteligências múltiplas relacionam-se com o facto de não ter oferecido um plano claro para os educadores implementarem nas escolas (Levin, 1994). A este propósito, Gardner argumenta que as teorias podem ser postas em prática de formas distintas, umas com orientação directa e outras sem tal orientação, apontando vários programas baseados na sua teoria e com aplicação no contexto escolar (Gardner, 1994; Kornhaber, 1994; Kornhaber & Krechevsky, 1995; Prieto & Ballester, 2003). Todavia, receiam-se os reais impactos da teoria e que a sua implementação fomente eventuais focos de segregação provocados pela discriminação e pela ausência de estímulos externos e internos ao desenvolvimento pessoal do aluno. Uma criança que não seja boa num determinado domínio, pode enveredar por um processos de desmotivação em virtude de ser encaminhada para uma classe com alunos que se situem em patamares igualmente baixos dessa inteligência.

Do ponto de vista metodológico, o modelo apresenta algumas criticas, já que a delimitação dos padrões de inteligência são assegurados por um questionário de auto-avaliação com 40-60 questões relacionadas com o comportamento dos indivíduos em várias áreas de aplicação da inteligência. Com esta constatação estamos perante uma teoria com enormes lacunas ao nível dos estudos de validação (Sternberg & Grigorenko, 2004), tendo igualmente recrutado poucos adeptos junto dos defensores da psicometria e das correntes mais tradicionais da psicologia (Waterhouse, 2006).

Teoria Triárquica da Inteligência

Finalmente, descrevemos a teoria Triárquica da Inteligência de Sternberg (1984, 1985), entendida como desenvolvimento dos estudos de Sternberg a propósito da análise componencial da inteligência, a que aludimos no capítulo anterior. A inteligência é um processo de adaptação proposto, modelado à configuração e à selecção do meio mais relevante e pertinente para as necessidades do indivíduo (Sternberg, 1996, 1997c; Sternberg & Prieto, 1997).

Preocupado com o reduzido enquadramento sócio-cultural e implicações contextuais no domínio das teorias de inteligência e processos cognitivos superiores, Sternberg (1984, 1985) começou a delinear a sua teoria que acabaria por ficar conhecida como a "teoria triárquica da inteligência". Esta teoria emerge ainda das críticas ao conceito de QI, o qual é considerado pelo próprio Sternberg (1985) como uma operacionalização conveniente do constructo de inteligência. Apesar da teoria ser relativamente recente, uma abordagem com contornos algo similares parece ter surgido alguns séculos atrás, na antiguidade clássica, numa referência às facetas teóricas, práticas e produtivas com que Aristóteles explicava a diversidade de pessoas com óptimos desempenhos (Tigner & Tigner, 2000). Esta diferenciação entre uma inteligência mais prática e outra mais teórica, por vezes também designada por académica e abstracta, foi-se mantendo ao longo de um século de abordagem psicométrica da inteligência.

Apesar de reconhecer a importância dos contributos de Spearman, Thurstone ou Guilford, Sternberg (1985) argumenta que estas teorias não explicam todas as habilidades e todo o desempenho cognitivo. Neste particular, o objectivo é mostrar que existe mais inteligência do que o *factor g* e os testes tradicionais disponíveis. Segundo Sternberg (2000a, 2000b) "o tipo de inteligência sobre o qual a maior parte dos psicólogos escreveu refere-se apenas a uma diminuta e inexpressiva parte de um espectro intelectual muito mais amplo e complexo. Diz respeito à inteligência inerte. (...) A inteligência inerte é [aquela] que [se] demonstra quando [se] faz um teste de QI" (p. 9). Assim, esta teoria pretende enfatizar o papel do contexto sócio-cultural na análise do desempenho, em particular no desempenho superior, destacando o papel da cultura e do contexto na avaliação da inteligência (Sternberg, 2003a).

De acordo com Afonso (2007, p. 188), os posicionamentos sucessivos de Sternberg em torno do estudo da inteligência ficaram marcados por avanços que demarcam uma série de etapas: (i) teoria componencial da inteligência (Sternberg, 1977a, 1977b); (ii) teoria triárquica da inteligência (Sternberg, 1985); (iii) teoria da inteligência funcional (Sternberg, 1996); e (iv) modelo WICS (*Wisdom, Intelligence, and Creativity Synthesized*, Sternberg, 2003b).

A teoria componencial resultou dos seus primeiros estudos e de uma tentativa para integrar os paradigmas diferencial e cognitivista (Sternberg, 1977a, 1977b). O autor, através do recurso a metodologias experimentais, procurou identificar os componentes associados ao tratamento de informação na resolução de tarefas de raciocínio. Mais tarde, o modelo componencial evolui passando a integrar os metacomponentes, ou seja, processos executivos de nível superior que monitorizam e controlam os componentes de nível inferior necessários à resolução dos problemas, explicando, em parte, as diferenças individuais (Sternberg, 1979).

O objectivo da teoria triárquica não é substituir as teorias anteriores, mas incorporá-las num todo coerente (Sternberg, 1985, 1991a, 1994). Com este propósito, a teoria triárquica da inteligência integra (i) o mundo interno do indivíduo, ou os mecanismos mentais que estão subjacentes ao comportamento inteligente; (ii) a experiência, ou o grau de novidade ou falta dela, envolvida na aplicação dos mecanismos mentais de inteligência à realização das tarefas; e (iii) o mundo exterior ao indivíduo, ou o uso de mecanismos mentais no quotidiano tais como as percepções sobre que comportamentos são inteligentes, dirigidos a quem e onde (Sternberg, 1991a, 1997d; Sternberg & Prieto, 1997). A subteoria individual ou componencial responde à questão "como" se produz o comportamento inteligente; a subteoria experiencial remete-nos para a questão "quando" o comportamento é ou não inteligente; finalmente, a subteoria contextual responde às questões "que" comportamentos podem ser considerados inteligentes num dado contexto. Estes componentes da teoria triárquica da inteligência aparecem esquematizados no Quadro 4.5.

Quadro 4.5 Componentes da teoria triárquica da inteligência

Subteoria	Elementos
Componencial	– Metacomponentes – Componentes de realização – Componentes de conhecimento-aquisição
Experiencial	– *Insight* ou novidade – Automatização
Contextual	– Adaptação – Configuração – Selecção

A *subteoria componencial* remete-nos para os componentes ou funções cognitivas que podemos descrever como o mundo interno do indivíduo. No livro *"Beyond IQ: A triarchic theory of human intelligence"*, Sternberg

(1985) identifica três categorias de processos na denominada sub-teoria componencial: metacomponentes, componentes de execução ou realização e componentes de aquisição de conhecimento.

Os *metacomponentes* são os processos executivos de "ordem superior" utilizados para planear, monitorizar e avaliar a realização cognitiva. Incluem: (i) reconhecimento da existência de um problema (consiste em examinar com cuidado a natureza do problema e a necessidade de o resolver); (ii) definição da natureza do problema (consiste em pensar o problema, simplificar ou redefinir os objectivos); (iii) selecção dos passos necessários para resolver o problema (consiste em organizar as etapas da tarefa segundo a sua dificuldade, considerando diferentes alternativas antes de chegar à solução correcta); (iv) combinação dos passos dentro de uma estratégia eficaz (consiste em combinar de uma forma eficaz as estratégias seleccionadas, considerando o problema na sua totalidade e dispondo os passos da resolução de uma forma lógica); (v) representação da informação (o indivíduo selecciona uma forma para representar o problema, por exemplo, concebe esquemas, diagramas ou tabelas); (vi) localização das fontes necessárias para a resolução do problema (identificação e mobilização das diferentes fontes e recursos para resolver o problema); (vii) monitorização da resolução do problema (habilidade do sujeito para dirigir e controlar a natureza do problema, para seleccionar os processos a utilizar e a forma de representar o problema, por exemplo, justificar e dirigir o esforço, controlar a impulsividade e considerar o *feedback* interno e externo da informação); e, (viii) avaliação da solução (avaliação qualitativa e apropriada dos resultados obtidos com a resolução).

Os *componentes de realização ou desempenho* são os processos de ordem inferior que executam as instruções de acordo com a planificação implícita dos metacomponentes. Podemos dizer que, enquanto os metacomponentes informam o que fazer, os componentes fazem-no, sendo aliás os elementos cognitivos mais presentes ou melhor avaliados nos testes tradicionais. Os principais componentes, decorrente da teoria componencial de Sternberg descrita no capítulo anterior, são os seguintes: (i) codificação dos estímulos (processo através do qual o indivíduo percebe um problema e acede à informação armazenada na sua memória); (ii) inferência das relações entre os estímulos (processo mediante o qual o indivíduo descobre e sistematiza as relações entre os estímulos); (iii) correspondência ou *mapping* (processo envolvido no estabelecimento de relações entre relações ou relações de ordem superior); (iv) aplicação (processo mediante o qual o indivíduo soluciona o problema ou analogia segundo a relação inferida anteriormente); (v) comparação (comparações entre alternativas possíveis e decisão quanto à que resolve o problema); (vi) justificação (processo utilizado para decidir qual é a melhor resposta que conduz à solução do problema, quando várias são plausíveis e nenhuma é ideal); e (vii) resposta (após os passos anteriores o sujeito dá a sua resposta).

Os *componentes de conhecimento-aquisição* são os processos não executivos que se utilizam para aprender como resolver um problema, sendo também controlados pelos metacomponentes. Os componentes responsáveis pela aquisição de destrezas e conhecimentos são processos que o indivíduo utiliza para adquirir informação nova, recordar a informação adquirida anteriormente e transferir o que aprendeu para novos contextos. Estes componentes revelam-se essenciais para a aprendizagem, a utilização da linguagem e para o funcionamento intelectual em geral. Existe um processo de retro-alimentação entre a utilização destes componentes e o conhecimento, ou seja, os componentes conduzem a um aumento do conhecimento base e, ao mesmo tempo, um maior conhecimento ajuda a utilizar os componentes com maior eficácia.

São três os componentes de conhecimento-aquisição: (i) codificação selectiva (implica focar a atenção nos elementos relevantes do problema, ignorando os dados irrelevantes para a solução); (ii) combinação selectiva (implica combinar selectivamente a informação codificada com a finalidade de a integrar de maneira plausível num todo, por exemplo, organizando esquemas); e (iii) comparação selectiva (implica a relação da informação nova com a adquirida anteriormente, permitindo deste modo que a nova informação ganhe significado).

Os componentes são uma parte importante da inteligência de um indivíduo e os vários tipos de componentes trabalham em conjunto. As metacomponentes activam as componentes de desempenho e de conhecimento-aquisição. Apesar de se poder isolar experimentalmente os vários tipos de componentes do processamento da informação de uma dada tarefa, na prática eles funcionam interactivamente e não são facilmente isoláveis. Daí resulta que os diagnósticos e as intervenções devam considerar, de forma preferencial, os três componentes em interacção e não isoladamente (Sternberg, 1991a, 1994).

A *subteoria experiencial* remete para a questão da familiaridade das tarefas e seu impacto no desempenho cognitivo. Segundo Sternberg, a experiência de uma pessoa numa dada actividade é decisiva para o seu desempenho, e como tal pode clarificar se o seu desempenho é mais fruto da inteligência ou da experiência acumulada. De acordo com esta subteoria, existem dois elementos importantes no desenvolvimento cognitivo do indivíduo, sendo relevantes na avaliação e treino da inteligência: (i) a capacidade para lidar com situações novas; e (ii) a capacidade para automatizar a informação (Sternberg, 1991a, 1994, 1997d; Sternberg & Prieto, 1997).

Segundo a subteoria experiencial, a inteligência pode ser melhor avaliada nas zonas do *continuum* experiencial que envolvem tarefas ou situações relativamente novas ou, por outro lado, nos processos que se tornam automatizados (Sternberg, 1991a, 1994). O componente de *insight* ou novidade envolve a utilização dos três componentes de conhecimento-aquisição, ou seja, a codificação selectiva, a combinação selectiva e a comparação selectiva (Davidson & Sternberg, 1986; Sternberg, 1985; Sternberg & Prieto, 1997). Sternberg (1985) sugere que as tarefas novas requerem um processamento activo e consciente, sendo por isso as situações mais apropriadas para se avaliar a capacidade de raciocínio desde que não sejam totalmente desconhecidas ao ponto do próprio sujeito não ser capaz de aplicar a sua competência resolutiva. Neste sentido, as respostas diante de novos desafios reflectem a capacidade do indivíduos produzir ideias novas e adequadas. Por sua vez, o componente de *automatização* refere-se à mudança do consciente para o subconsciente dos comportamentos realizados, por exemplo, ao aprender a conduzir um veículo ou a falar uma nova língua, normalmente transforma-se a informação controlada em automática. Para Sternberg é um sinal de inteligência quando criamos rotinas automatizadas para realizar de forma rápida e com exactidão as actividades usuais. Nestes casos não se gasta muito tempo nem se erra tantas vezes, ao mesmo tempo que é bem menor o esforço cognitivo necessário.

Sternberg (1985) distingue diferentes modos de processamento global, com os metacomponentes a controlar e a regular os componentes requeridos pelas novas tarefas (muitas vezes com recurso à memória de longo prazo). Nas tarefas em que existe uma maior familiarização, o processo de realização é assumido como local e automático, requerendo níveis de processamento pré-consciente e não hierárquico. Esta situação parece explicar por que razão os *experts* apresentam melhores resultados que os *novices*. Enquanto os primeiros processam a informação de forma automática na base da informação já armazenada na memória de longo prazo, o que lhes permite maior disponibilidade de recursos para o próprio processamento; em contrapartida, os *novices* apresentam piores índices de desempenho pois têm que mobilizar os seus recursos, por exemplo de atenção e de raciocínio, para a codificação da nova informação. Sendo assim, as habilidades que permitem lidar e resolver problemas novos estão muito relacionadas com as que ajudam a automatização do aprendido. Isto significa que a capacidade superior para fazer face à novidade permite chegar de forma rápida e eficaz à automatização e, ao mesmo tempo, a capacidade superior de automatização liberta mais recursos mentais para lidar com a novidade. Por outras palavras, à medida que o indivíduo automatiza diferentes aspectos de uma tarefa, ele acaba por poder prestar maior atenção aos aspectos novos da mesma.

A *subteoria contextual* responde pela utilização dos componentes da inteligência em situações da vida diária e em relação com o enquadramento sócio-cultural. Esta teoria contrapõe a utilidade de uma capacidade abstracta, como o *factor g*, e apela antes à capacidade do sujeito para processar a informação em contexto, podendo essa informação ser mais ou menos familiar. De acordo com Afonso (2007), esta subteoria define a inteligência como uma capacidade adaptativa e de ajustamento ao meio.

Existem três tipos de funções ou mecanismos através dos quais o sujeito se relaciona com o ambiente (Sternberg, 1991a, 1994, 1997b, 1997c; Sternberg & Prieto, 1997): (i) *adaptação* ou modificações que o sujeito experiencia no sentido de conseguir uma melhor adaptação ao seu meio (os sujeitos mobilizam uma série de competências e comportamentos para se adaptarem ao meio); (ii) *selecção* ou o processo desencadeado pelo sujeito na procura de alternativas mais adequadas à sua adaptação (quando a adaptação não funciona, o indivíduo considera outros componentes que lhe possam permitir adaptar-se, ainda que a selecção, por vezes, não ofereça a alternativa ideal); e (iii) *configuração (ou modelação)*, ou seja, a modificação do ambiente para conseguir uma melhor adaptação do indivíduo (a configuração representa uma alternativa especialmente viável para a adaptação do sujeito quando é impossível abandonar o meio em que vive).

A adaptação, a selecção e a configuração são funções do pensamento inteligente à medida que ele decorre num contexto. Elas podem ser utilizadas hierarquicamente, apesar de isto não ser necessário (quando uma falha, o sujeito pode utilizar outra). Os componentes da inteligência actualizam-se à medida que estas funções são utilizadas nos vários níveis de experiência. Essa actualização pode diferir bastante de acordo com os indivíduos ou os grupos, sendo que a inteligência não pode ser compreendida independentemente da forma como se manifesta num determinado contexto (Sternberg, 1994, 1997b, 1997c).

Sternberg (1997d) refere que os diferentes elementos das três subteorias estão interligados. Por exemplo, os componentes da inteligência manifestam-se em diferentes níveis da experiência com tarefas e situações de vários graus de relevância contextual para a vida de um indivíduo. Assim sendo, os componentes são universais (os componentes que contribuem para o desempenho inteligente numa dada cultura terão a mesma contribuição nas demais culturas). Acrescenta, ainda, que a importância para a inteligência de lidar com a novidade e a automatização do processamento da informação são, também, aspectos universais. No entanto, as manifestações destes componentes na experiência devem ser analisadas e avaliadas tomando os contextos culturais em consideração. Com efeito, o que constitui um pensamento ou um comportamento adaptativo numa cultura não é necessariamente considerado adaptativo noutra. Além disso, os pensamentos e as acções que devem modelar o comportamento de forma apropriada num contexto podem não os modelar apropriadamente noutro ambiente. Finalmente, o ambiente que cada indivíduo selecciona dependerá muito dos contextos disponíveis e das suas capacidades cognitivas, como também da sua motivação e dos seus valores e afectos para com as alternativas disponíveis.

Como temos vindo a afirmar, a teoria triárquica contempla os vários *loci* da inteligência humana (Sternberg, 1986, 1990), nomeadamente, o mundo interno, com destaque para os aspectos cognitivos (subteoria componencial); o mundo externo, com as manifestações sócio-culturais da inteligência (subteoria contextual); e o mundo da experiência que reflecte a familiaridade com os conteúdos e a relevância da experiência adquirida no desempenho cognitivo (subteoria experiencial).

Podemos encontrar as três subteorias nas concepções mais recentes do autor. No fundo, elas diferenciam e combinam formas de inteligência analítica, criativa e prática. Como podemos antecipar, a primeira liga-se às componentes ou funções cognitivas internas (sendo o QI um dos seus representantes), a segunda relaciona-se com as capacidades dos indivíduos para lidarem com a novidade e para criarem automatismos (criatividade), e a terceira prende-se como o sujeito se adapta às exigências do meio e como transforma este mesmo meio. Neste sentido, na prossecução da sua teoria triárquica, ou simulando algumas aplicações, Sternberg (1996) foi introduzindo os conceitos de inteligência prática, inteligência funcional, inteligência de sucesso ou de sabedoria, nomeadamente. Por exemplo, *successful intelligence* refere-se ao conjunto de habilidades mentais que se utilizam para se alcançar os objectivos pessoais, num dado contexto sócio-cultural, através da adaptação, selecção e modificação dos contextos. Por sua vez, o conceito de inteligência funcional ou de inteligência prática tem implícito que os aspectos culturais e de adaptação ao meio são essenciais na definição do comportamento inteligente e no desenvolvimento cognitivo (Sternberg, 1996, 2000c).

De acordo com a teoria triárquica, a inteligência é muito mais do que um conjunto de aptidões pois integra uma série de facetas (internas, contextuais e experienciais). O campo de aplicação deste referencial teórico pode generalizar-se. Um dos exemplos tem a ver com a teoria triárquica da sobredotação proposta pelo autor e que assume três tipos de sobredotação: analítica (relacionada à subteoria componencial), a criativa (relacionada com a subteoria experiencial) e a prática (associada à subteoria contextual). Também as aplicações ao nível da avaliação e da promoção da inteligência são óbvias. O carácter abrangente desta sua concepção está presente no modelo CAPS (inteligência criativa, analítica, prática, sintetizada), propondo ser necessário avaliar e treinar de forma integrada todas as formas de inteligência (Sternberg, 2004).

Um dos aspectos a destacar nas suas concepções mais recentes prende-se com a maior importância atribuída à criatividade. Esse enfoque encontra alguma representatividade em publicações como *Investment Theory of Creativity* (Sternberg & Lubart, 1991a, 1991b), *Propulsion Theory of Creativity* (Sternberg, 1999a), *Balance Theory of Wisdom* (Sternberg, 1998b) ou *WICS model* (*Wisdom, Intelligence, and Creativity Synthesized* Sternberg, 2003b). Aliás, também a sua teoria da inteligência funcional assume-se como uma síntese dos conceitos de sabedoria, inteligência e criatividade (Afonso, 2007).

Um novo aspecto a salientar tem a ver com o esforço permanente de validar o modelo conceptual inerente. Trata-se, sobretudo, de um enfoque integrativo que tem vindo a ser progressivamente testado e desenvolvido. Por exemplo, no âmbito do *Projecto Rainbow* (Sternberg & The Rainbow Project Collaborators, 2006) procura-se desenvolver nos alunos dos vários níveis de ensino as destrezas cognitivas sugeridas pelo modelo (Sternberg, 1997a, 1997b, 1999b; Sternberg & Grigorenko, 2006). Na opinião dos autores (Sternberg, Grigorenko, & Jarvin, 2001) esse treino parece produzir efeitos positivos, ficando isso a dever-se à (i) combinação deliberada de três formas de codificação (prática, analítica e criativa) o que permite a sua maior generalização a diferentes tipos de situações, (ii) facilidade de transferência de tais habilidades para as aprendizagens escolares, (iii) maior motivação dos alunos em virtude de metodologias de instrução mais atractivas, e (iv) adesão dos professores percepcionando maior empenhamento por parte dos seus alunos (Grigorenko, Jarvin, & Sternberg, 2002).

Por último, a par desses aspectos positivos, também é possível tecer algumas críticas à teoria triárquica da inteligência. O próprio autor (Sternberg, 1998a) apresentou algumas limitações à sua teoria não querendo com isso esgotar as críticas de outros autores. Assim, refere que (i) a integração das três subteorias necessitava de ser melhor conseguida, apesar de algumas especulações já terem sido feitas sobre a forma de como as três partes se poderiam "encaixar" (a ideia de base seria conseguir a integração que permitisse visualizar uma teoria completamente unificada); ii) apesar de a sua teoria ser bastante específica acerca dos processos mentais, continua um pouco vaga acerca das representações mentais, sendo que estas têm um papel muito importante no funcionamento inteligente (a teoria triárquica da inteligência precisa especificar com mais detalhe as formas de representação mental através das quais actuam os processos de inteligência); iii) os papéis de adaptação, selecção e configuração ao ambiente precisam de ser melhor articulados. Contudo, refere que, apesar de estes termos serem de alguma forma vagos, já se verificaram progressos no sentido de avaliar a adaptação (Wagner & Sternberg, 1985). Realça, ainda, a importância de não se continuar a descurar a operacionalização das avaliações da selecção e das configurações ambientais que os indivíduos realizam; e, iv) o papel da automatização na inteligência precisa de maior especificação, tornando-se também necessário o desenvolvimento de formas de a avaliar para que assim a segunda parte da teoria se torne mais facilmente "mensurável".

Apesar da teoria triárquica da inteligência reforçar o papel do contexto e da experiência, o modelo é ainda manifestamente insuficiente para explicar o desempenho escolar de crianças provenientes de minorias étnicas (Okagaki, 2001). Sternberg tem ainda sido repetidamente criticado pelo facto da literatura revelar pouco suporte empírico para a teoria (Deary, 2001; Gottfredson, 2003).

Em síntese, a teoria triárquica da inteligência constitui para muitos uma nova e mais vasta teoria da inteligência mas, como todas as novas teorias da inteligência, necessita de maior articulação e integração. O desenvolvimento de testes de inteligência nela baseados poderão ajudar a estabelecer as ligações necessárias para que o binómio teoria/avaliação seja uma realidade (Sternberg, 1998a).

Considerações finais

Ao longo deste quarto capítulo descrevemos algumas concepções teóricas de inteligência que, a par de recentes, procuram entender o constructo e os comportamentos intelectuais de forma abrangente. Duas dessas teorias (inteligência emocional e inteligência social) decorrem de alguma insatisfação com concepções demasiado intelectivas ou abstractas da mente, com pouco espaço para os conteúdos e os conhecimentos, aliás menos ainda para aquilo que se pode considerar hoje a "cognição quente" ou a "cognição com afecto". Nos dias de hoje estas formas de inteligência gozam de grande popularidade, por vezes mais enfatizadas pelo volume de venda de algumas publicações junto do grande público que dos investigadores. A percepção dominante é que o sucesso pessoal, social e profissional exige formas de inteligência não estritamente lógico-matemática-verbal, aliás nem sempre os sujeitos mais hábeis ao nível da "cognição fria" conseguem sucesso em vários domínios da sua experiência quotidiana.

Falar em inteligência emocional e em inteligência social questiona o constructo de inteligência em presença. As abordagens a que dedicámos os três primeiros capítulos deste livro procuraram definir a inteligência recorrendo a traços, esquemas e processos, tendo dado insuficiente atenção aos conteúdos das situações. A inteligência seria uma característica mais geral e transferível de situação para situação de desempenho, independente dos conteúdos. Com a inteligência emocional e social valorizam-se conhecimentos e domínios de experiência específicos, sendo por vezes difícil delimitar onde estão os processos e dar-lhes, no mínimo, a mesma importância que aos conteúdos. Em nossa opinião importa acautelar que, tendo-se durante muito tempo proposto uma inteligência assente em funções ou processos, desligados dos conteúdos e conhecimentos, conviria agora não cairmos num pólo oposto em que a inteligência se confunde com outras áreas da vida e com outras características psicológicas, sobrevalorizando-se os conteúdos e esquecendo-se os processos de índole eminentemente cognitiva. Por outro lado, estas teorias apresentam instrumentos que deixam algo a desejar em termos de qualidades métricas. Tendencialmente, mais do que medir as aptidões emocionais e sociais, os instrumentos utilizados avaliam o conhecimento que os indivíduos possuem acerca das emoções e dos comportamentos sociais. Pensamos ainda que as inteligências emocional e social carecem de futuros estudos, existindo um amplo campo de investigação por explorar, nomeadamente com recurso às neurociências. As novas tendências de investigação parecem recair ainda na aproximação dos constructos às temáticas mais clássicas da cognição. Estamos em querer que a definição da inteligência não se esgota no domínio das emoções ou dos comportamentos sociais, mas sim que estes podem "emprestar" um forte contributo às outras abordagens tradicionais da inteligência.

Finalmente, incluímos neste quarto capítulo a teoria das inteligências múltiplas ou múltiplas inteligências de Gardner e a teoria triárquica de Sternberg. De novo, a insatisfação com uma inteligência apenas "intelectiva" está patente nestes dois autores. Para Gardner não existe uma mas várias inteligências, tendo começado por sete e acrescentando mais três recentemente (não se sabendo em quantas pode vir a acabar...). Para Sterberg, importa assumir a inteligência como combinação de componentes, alguns deles não estritamente intelectuais. A par dos processos cognitivos e metacognitivos que podem descrever a resolução das tarefas, importa atender à experiência anterior, como seja a capacidade para lidar com a novidade e automatizar procedimentos, não descurando ainda o quadro cultural mais amplo que dá sentido e enquadra um comportamento como inteligente ou não inteligente.

Quer a teoria das inteligências múltiplas quer a teoria triárquica da inteligência trazem para a concepção de inteligência múltiplos aspectos nem sempre suficientemente interligados e integrados num todo coerente. Alerta-se todavia para o facto destas teorias poderem cair nalgum relativismo intelectual no qual todas as pessoas podem ser consideradas inteligentes. Descura as evidências retratadas na literatura segundo as quais as aptidões encontram-se fortemente correlacionadas e que indivíduos bons numa determinada aptidão, pontuem elevados scores noutras dimensões. Estas constatações têm afastado os psicometristas e os "puristas" da psicologia destas abordagens integradoras da inteligência humana. Por outro lado, aguardam-se que os programas de treino cognitivo na base da teoria de Gardner ou os instrumentos de avaliação assentes na teoria de Sternberg possam melhor indiciar os contributos concretos das mesmas para o esforço colectivo, com mais de um século de existência, em prole da definição da inteligência.

CONCLUSÃO

Um século de investigação em torno da inteligência não foi suficiente para clarificar um conjunto de questões e controvérsias a propósito da delimitação psicológica deste constructo. Como em outros campos da ciência, também aqui os avanços da investigação introduziram novas questões e novas incertezas. Assim, subsistem vários pontos susceptíveis de divergência entre os investigadores quando se pretende delimitar *o que é* a inteligência. Esta divergência, em consequência, estende-se aos profissionais que, em diferentes contextos, realizam a sua avaliação, ponderam os seus impactos, promovem o seu treino ou tentam a sua reabilitação.

Três abordagens foram aqui assumidas na organização dos posicionamentos teóricos a propósito da definição de inteligência, acrescentando-se um capítulo com posicionamentos teóricos que refutamos de mais abrangentes. Em contraste com a abordagem psicométrica da inteligência, apostada em inferir as aptidões mentais com base nos resultados dos sujeitos nos testes, descrevemos as concepções organizadas em torno das abordagens desenvolvimentista e cognitivista. Estas duas entendem a inteligência mais no sentido da cognição, isto é, das estruturas e processos cognitivos inerentes à realização de tarefas. A evolução na pesquisa reflectiu, deste modo, a passagem progressiva da redução da inteligência aos traços internos (aptidões) para a análise do funcionamento da inteligência enquanto competência funcional do sujeito para a resolução de problemas. Paralelamente, a evolução na pesquisa ocorreu também através de uma descentração nos resultados dos testes para uma análise contextual e/ou laboratorial dos processos subjacentes à realização cognitiva. No fundo, assistimos hoje a uma preocupação menor com os produtos ou resultados alcançados nos testes de inteligência por troca com os objectivos de uma melhor compreensão da natureza, da evolução e do exercício das habilidades que formam a competência do sujeito.

Em particular decorrente da perspectiva cognitivista, a psicologia consegue hoje uma leitura bem mais operativa dos processos envolvidos na captação e organização da informação *(input)*, no seu relacionamento e transformação *(treatment)* e na organização e ponderação das respostas *(output)*. Simulando ou não o que se passa com o computador, certo que à luz da "teoria do processamento da informação" podemos analisar uma sequência de processos e de decisões da resolução de tarefas, forçosamente dinâmica, desde a codificação da informação, o seu tratamento face a um dado objectivo e a elaboração da resposta.

Essencialmente exploratória, e recorrendo a métodos correlacionais, a abordagem psicométrica só muito recentemente conseguiu dar alguma coerência às múltiplas teorias propostas no seu seio. Com efeito, o carácter redundante, interdependente e inferencial da informação considerada (teoria > aptidões > testes > diferenças individuais > teoria > ...) dificultou a testagem efectiva de modelos e a consequente recusa de uns a favor da manutenção de outros. A teoria CHC aparece hoje, recorrendo a metodologias estatísticas apreciando a maior ou menor adequabilidade de modelos, com algumas intenções e contributos para a clarificação dos diferentes posicionamentos disponíveis dentro da psicometria. Espera-se, inclusive, que a teoria CHC venha a ser uma importante ferramenta teórica na validação de constructo dos testes de inteligência disponíveis, podendo aliás orientar a inovação nesta área, pois todos temos a percepção que as baterias de testes actuais não diferem particularmente entre si nem das suas versões iniciais.

Deliberadamente, as abordagens desenvolvimentistas e cognitivistas da inteligência deixaram de se preocupar com as aptidões intelectuais, enquanto constructos internos, e com os testes disponíveis para a sua avaliação. O objectivo da pesquisa (pois que nas aplicações práticas isso pode ser de mais difícil prossecução...) passa pela identificação dos processos cognitivos necessários à realização de tarefas, bem assim como a respectiva apropriação, desenvolvimento e condições de execução. Os conceitos de competência e de cognição surgem mais utilizados que o próprio conceito "inteligência". A referência a "processos", "componentes" e "estratégias" tornou-se dominante na descrição da realização e do funcionamento cognitivo aliás bem mais universal a toda a aprendizagem e realização cognitiva –, ofuscando o clássico conceito de "aptidão" na descrição das habilidades intelectuais. Ao mesmo tempo, enfatiza-se o contexto de vida, a experiência e o conhecimento dos indivíduos, em complemento dos processos internos, nas concepções abrangentes mais recentes de inteligência.

Logicamente que a evolução havida e comentada não responde cabalmente, em nossa opinião, a uma questão prévia: *de que falamos quando usamos o termo ou quando nos reportamos ao constructo "inteligência"?* Aqui podemos dizer que umas vezes se utiliza o termo no sentido da realização conseguida e outras vezes no sentido da capacidade que lhe está inerente; umas vezes o seu funcionamento operacional e outras vezes a sua base ou fundamento estrutural. Tomando as abordagens descritas no livro, parece-nos que autores como Spearman ou Thurstone, ao contrário dos cognitivistas, se orientaram mais pela inteligência na sua *essência* do que no seu *exercício*. A complementaridade de uma leitura estrutural e funcional da inteligência parece-nos óbvia, sobretudo ao nível da prática, mas não deixa de ser importante clarificarmos previamente as posições de que partimos para as definições que propomos. Por este facto, podem fazer igualmente sentido, porque complementares na informação contida para as diferentes decisões a tomar, os conceitos de "QI", "aptidões", "estruturas operatórias", "componentes", "processos"... entre outros!

Acreditamos que o conceito "inteligência" foi e tendencialmente permanecerá bastante impreciso em termos da sua definição. A convergência de metodologias de análise, não perdendo de vista a emergência do psicológico na interacção do biológico e do cultural, poderá ajudar-nos a refutar algumas teorias, mesmo não chegando nunca à proposta de apenas uma "teoria". A complexidade de certos fenómenos onde se incluem os constructos psicológicos antecipa sérias dificuldades para a existência de leituras explicativas únicas. O objectivo deverá ser, então, a melhor compreensão, a melhor avaliação e as melhores estratégias para se promover o desempenho dos indivíduos. Para esta melhoria, a par das habilidades cognitivas, importa acautelar o conhecimento e a motivação, tomar o indivíduo no seu percurso e contexto desenvolvimental, importa questionar as próprias tarefas a realizar...

A concluir este livro deixamos, ainda, uma breve sistematização das dissonâncias que nos parecem orientar a investigação e as publicações na área. Referimo-nos à natureza singular ou plural da inteligência, e à natureza genética ou cultural da inteligência. Logicamente que outras questões menores se têm colocado na investigação. A indução ou não do crescimento e complexidade da inteligência pelo ensino ou treino, a medida directa ou simplesmente inferida da inteligência, a maior ou menor relevância da inteligência na vida quotidiana, académica e profissional dos indivíduos, as diferenças interindividuais e intergrupais de inteligência (...) são exemplos de questões ainda não suficientemente respondidas. No entanto, reportando-se este livro à definição da inteligência, aquelas duas questões escolhidas parecem-nos mais prementes, e em parte deixam perspectivas de enquadramento daquelas questões mais específicas.

Um primeiro ponto de controvérsia prende-se com a unicidade *versus* pluralidade da inteligência. No fundo, pode a inteligência ser reduzida a uma faculdade geral ou é melhor definida através de um conjunto mais ou menos alargado de aptidões relativamente autónomas? Podemos dizer que, pela investigação presente, não podemos falar numa única inteligência pois que a diferenciação dos desempenhos nos faz pensar na diversidade intraindividual e interindividual de perfis de habilidades. Buscando uma síntese dos trabalhos de investigação mais recentes, e aqui cruzando dados da psicometria, do cognitivismo e da neuropsicologia, podemos aceitar uma capacidade intelectual estrutural, genérica ou fluida nas primeiras idades, contudo a partir da adolescência e mais ainda na idade adulta torna-se difícil descrever a inteligência apenas na base dessa capacidade geral. Podemos aceitar a sua presença ao longo de todo o percurso de vida, mas é verdade que a diferenciação encontrada no desempenho em múltiplas situações e tarefas faz pensar num conjunto heterogéneo de aptidões diferenciadas e relativamente autónomas entre si.

Um segundo ponto de discórdia prende-se com a natureza da inteligência, mais concretamente se uma capacidade geneticamente determinada ou se aprendida, se um atributo da estrutura neurológica ou se a propriedade de um comportamento adquirido em sociedade numa determinada cultura. Também aqui podemos buscar elementos convergentes de posicionamentos teóricos diversos, acrescentando às três abordagens anteriores (psicométrica, desenvolvimentista e cognitivista) a investigação de cariz neuropsicológico e sociocultural disponível na área da inteligência, e que aliás aparece já de algum modo rentabilizada nas teorias de cariz abrangente que apresentamos no quarto capítulo. Por exemplo, os dados hoje não nos permitem desligar a inteligência da estrutura neurológica da espécie e do indivíduo. A complexidade e as formas de pensar estão fortemente associadas à própria complexidade estrutural e à qualidade de funcionamento do sistema nervoso central (SNC). Contudo não podemos pensar que essa estrutura e funcionalidade, fortemente marcadas pelos processos maturativos e condicionadas por determinantes genéticos, é a inteligência na sua *essência* ou resume a cognição e as habilidades cognitivas de um sujeito. A inteligência subentende entendimento, resolução dirigida, adaptação e avaliação, e todas estas funções são balizadas culturalmente no seu desenvolvimento, complexidade e funcionamento. A dimensão estruturante ou interna de tais funções, se quisermos abstrair dessa dimensão – dita mais estruturante – os conhecimentos e as destrezas que também entram na expressão das habilidades cognitivas, então a inteligência pressupõe construção pessoal e apropriação cultural, para além dos mecanismos psicofisiológicos da cognição. Neste sentido, podemos aceitar a convergência de factores genéticos e culturais, de funções decorrentes da maturação e da aprendizagem na natureza da inteligência. A interacção destas duas realidades constituintes torna difícil dizer o quanto uma e o quanto outra, dada a natureza dinâmica de qualquer processo interactivo de maturação e/ou desenvolvimento, muito embora em situações particulares de deformações congénitas, lesões cerebrais ou estudos com gémeos se consiga estimar o maior peso de uma das duas realidades, continuando mesmo em tais situações sem se poder fixar a grandeza absoluta de cada uma.

Mesmo tendo a consciência de que o livro não esgota a definição de "inteligência", nem consegue oferecer uma como a mais plausível, julgamos ter deixado suficientes elementos aos leitores para aprofundarem e se posicionarem no tema. Outro objectivo para este livro ser-nos-ia impossível concretizar. Futuras incursões nesta área ficam prometidas nessa altura orientadas para a questão da avaliação da inteligência, e certamente que falar em avaliação, apresentando e discutindo os procedimentos e métodos de avaliação disponíveis, nos irá remeter, de novo, para a definição de inteligência!

REFERÊNCIAS

Acereda, A., & Sastre, S. (1998). *La superdotación*. Madrid: Editorial Sínteses.
Afonso, M. J. (2007). *Paradigmas diferencial e sistémico de investigação da inteligência humana: perspectivas sobre o lugar e o sentido do construto*. Tese de Doutoramento não publicada. Lisboa: Universidade de Lisboa.
Alexander, P. A., Murphy, P. K., Guan, J., & Murphy, P. A. (1998). How students and teachers in Singapore and the United States conceptualize knowledge and beliefs: Positioning learning within epistemological frameworks. *Learning and Instruction, 8*, 97-116.
Allison C. W., & Hayes, J. (1996). The Cognitive Style Index: A measure of intuition-analysis for organizational research. *Journal of Management Studies, 33*, 119-135.
Almeida, L. S. (1986a). *O raciocínio diferencial dos jovens portugueses: Sua avaliação, desenvolvimental e diferenciação*. Porto: Faculdade de Psicologia e de Ciências da Educação (tese de doutoramento, mais tarde publicada pelo INIC, 1988).
Almeida, L. S. (1986b). *Bateria de Provas de Raciocínio Diferencial*. Porto: Faculdade de Psicologia e de Ciências da Educação.
Almeida, L. S. (1988a). *Teorias da inteligência*. Porto: Edições Jornal de Psicologia.
Almeida, L. S. (1988b). *O raciocínio diferencial dos jovens*. Porto: Instituto Nacional de Investigação Científica.
Almeida, L. S. (1991). *Cognição e aprendizagem escolar*. Porto: Editora da Associação dos Psicólogos Portugueses.
Almeida, L. S. (1994). *Inteligência: Definição e medida*. Aveiro: CIDInE.
Almeida, L. S. (1996). Cognição e aprendizagem: Como a sua aproximação conceptual pode favorecer o desempenho cognitivo e a realização escolar. *Psicologia: Teoria, Investigação e Prática, 1*(1), 17-32.
Almeida, L. S., & Buela-Casal, G. (1997). Evaluación de la inteligencia general. In G. Buela-Casal & J. C. Sierra (Eds.), *Manual de evaluación psicológica: Fundamentos, técnicas y aplicaciones* (pp. 525-557). Madrid: Siglo XXI.
Anastasi, A. (1986). Intelligence as a quality of behaviour. In R. J. Sternberg & D. K. Detterman (Eds.), *What is intelligence? Contemporay viewpoints on its nature and definition* (pp. 19-21). Norwood, NJ: Ablex.
Anastasi, A. (1990). *Psychological testing*. New York: Macmillan Publs.
Anastasi, A., & Urbina, S. (2000). *Testagem psicológica*. Porto Alegre: Artmed Editora.
Anderson, M. (1992). *Intelligence and development: A cognitive theory*. Oxford, UK: Blackwell.
Arlin, P. K. (1984). Adolescent and adult thought: A structural interpretation. In M. L. Commons, F. A. Richards, & C. Armon (Eds.), *Beyond formal operations: Late adolescent and adult cognitive development* (pp. 258-271). New York: Praeger.

Arlin, P. K. (1989). Problem solving and problem finding in young artists and young scientists. In M. L. Commons, J. D. Sinnott, F. A. Richards, & C. Armon (Eds.), *Adult development: Vol 1. Comparisons and applications of developmental models* (pp. 197-216). New York: Praeger.
Armour-Thomas, E., & Gopaul-McNicol, S. (1998). *Assesssing intelligence: Applying a biocultural model.* California: SAGE Publications.
Armstrong, S. (2004). The impact of supervisors' cognitive styles on the quality of research supervision in management education. *British Journal of Educational Psychology, 74*, 599-616.
Arsalidou, M. (2003). *Neural correlates of visual problem solving and complexity.* Unpublished master's thesis, York University, Toronto, Ontário, Canadá.
Aubrey, C. (1993). An investigation of the mathematical knowledge and competencies which young children bring into school. *British Educational Research Journal, 19*, 27-41.
Baddeley, A. D., & Hitch, G. J. (1974). Working memory. In G. H. Bower (Ed.), *The psychology of learning and motivation* (Vol. 8, pp. 47-89). New York: Academic Press.
Baillargeon, R. (1987). Object permanence in 3 ½- and 4 ½-month-old infants. *Developmental Psychology, 23*, 655-664.
Baillargeon, R. (1993). The object concept revisited: New directions in the investigation of infant's physical knowledge. In C. E. Granrud (Ed.), *Visual perception and cognition in infancy: Carnegie-Mellon symposia on cognition* (Vol. 23, pp. 265-315). Hillsdale, NJ: Lawrence Erlbaum.
Bandura, A. (1973). *Aggression: A social learning analysis.* Englewood Cliffs, NJ: Prentice-Hall.
Bandura, A. (1986). *Social foundations of thought and action: A social cognitive theory.* Englewood Cliffs, NJ: Prentice-Hall.
Bar-On, R. (1997). *The emotional intelligence inventory (EQ-i): Technical manual.* Toronto: Multi-Health Systems.
Bar-On, R. (2000). Emotional and social intelligence: Insights from the emotional quotient inventory. In R. Bar-On & J. D. A. Parker (Eds.), *The handbook of emotional intelligence: Theory, development, assessment, and application at home, school, and in the workplace* (pp. 363-388). San Francisco: Jossey- Bass.
Bar-On, R. (2001). Emotional intelligence and self-actualisation. In J. Ciarrochi, J. Forgas, & J. Mayer (Eds.), *Emotional intelligence in everyday life: A scientific inquiry* (pp. 82-97). Philadelphia: Psychology Press.
Bar-On, R. (2006). The Bar-On model of emotional – social intelligenci (ESI). *Psicothema, 18*, 13-25.
Baron-Cohen, S. (1995). *Mindblindness: An essay on autism and theory of mind.* Cambridge, Ma: MIT Press.
Baron-Cohen, S., Ring, H. A., Wheelwright, S., Bullmore, E. T., Brammer, M. J., Simmons, A., & Williams, S. C. R. (1999). Social inteligence in the normal and artistic brain: an JMRI Study. *European Journal of Neuroscience, 11*, 1891-1898.
Bartlett, F. C. (1932). *Remembering.* Cambridge: Cambridge University Press.
Belmont, J. M., & Butterfield, E. C. (1971). Learning strategies as determinants of memory deficiencies. *Cognitive Psychology, 2*, 411-420.
Belmont, J. M., Butterfield, E. C., & Ferretti, R. (1982). To secure transfer of training, instruct self-management skills. In D. K. Detterman & R. J. Sternberg (Eds.), *How and how much can intelligence be increased?* (pp. 147-154). Norwood, NJ: Ablex.

Bennet, G. K., Seashore, H. G., & Wesman, A. G. (2000). *Test de Aptitudes Diferenciales, Versión 5 (Formas 1 y 2)*. Madrid: TEA.
Bermejo, V. (1998). Modelos neopiagetianos. In V. Bermejo (Ed.), *Desarrollo cognitivo* (pp. 125-144). Madrid: Síntesis.
Bickley, P., Keith, T., & Wolfle, L. (1995). The three-stratum theory of cognitive abilities: Test of the structure of intelligence across the life span. *Intelligence, 20*, 309-328.
Binet, A. (1910). *Les idées modernes sur les enfants*. Paris: Ernest Flammarion.
Binet, A., & Simon, T. (1905). Méthodes nouvelles pour le diagnostic du niveau intellectuel des anormaux. *Année Psychologique, 11*, 191-244.
Bjork, E. J., & Healy, A. F. (1974). Short-term order and item retention. *Journal of Verbal Learning and Verbal Behaviour, 13*, 80-97.
Bjorklund, D. F. (2005). *Children's thinking: Cognitive development and individual differences* (4th edition). Belmont, CA: Wadsworth/Thomson Learning.
Borkowski, J. G., & Wanschura, P. B. (1974). Mediational processes in the retarded. In N. R. Elli (Dir.), *International review of research in Mental Retardation* (pp. 1-54). N. Y.: Academic Press.
Boyatzis, R. E. (2006). Using tipping poins of emotional intelligence and cognitive competencies to predict financial performance of leaders. *Psicothema, 18*, 124-131.
Boyatzis, R. E., Goleman, D., & Rhee, K. S. (2000). Clustering competence in emotional intelligence: Insights from the emotional competence inventory. In R. Bar-On & J. D. A. Parker (Eds.), *The handbook of emotional intelligence: Theory, development, assessment, and application at home, school, and in the workplace* (pp. 343-362). San Francisco: Jossey- Bass.
Bradberry, T. R., & Su, L. D. (2006). Ability-versus skill-based assessment of emotional intelligence. *Psicothema, 18*, 59-66.
Brainerd, C. J. (1978). The stage question in cognitive-developmental theory. *The Behavioral and Brain Sciences, 2*, 172-213.
Brody, N. (2004). What cognitive intelligence is and what emotional intelligence is not. *Psychological Inquiry, 15*, 234-238.
Brody, E. B., & Brody, N. (1976). *Intelligence: Nature, determinants and consequences*. New York: Academic Press.
Brothers, L. (1990). The social brain: A project for integrating primate behaviour and neurophysiology in a new domain. *Concepts in Neuroscience, 1*, 27-51.
Brown, A. L, & Ferrara, R. A. (1999). Diagnosing zones of proximal development. In P. Llyod & C. Fernyhough (Eds.), *Lev Vygotsky: Critical assessments: The zone of proximal development* (Vol. III, pp. 225-256). Florence, KY, US: Taylor & Frances/Routledge.
Brunet, O., & Lézine, Y. (1978). *El desarrollo psicológico de la primera infancia*. Madrid: Pablo del Río, MEPSA.
Bruning, R. H., Schaw, G. J., & Ronning, R. R. (1995). *Cognitive psychology and instruction*. New Jersey: Prentice-Hall.
Buela-Casal, G., & Navarro, F. (1989). El estudio de la inteligencia mediante técnicas psicofisiológicas. In H. Marrero, G. Buela-Casal, F. Navarro, & L. Fernández (Eds.), *Inteligencia humana: Más allá de lo que miden los tests* (pp. 75-109). Barcelona: Labor.
Bueno, J. M. H., & Primi, R. (2003). Inteligência emocional: Um estudo de validade sobre a capacidade de perceber emoções. *Psicologia Reflexão e Crítica, 16*(2), 279-291.
Burgaleta, L. (1989). Prólogo. In H. Marrero, G. Buela, F. Navarra, & L. Fernández (Eds.), *Inteligencia humana: Más allá de lo que miden los tests* (pp. 9-11). Barcelona: Labor.

Bynner, J. M., & Romney, D. M. (1986). Intelligence, fact or artefact: Alternative structures for cognitive abilities. *British Journal of Educational Psychology, 56*, 12-23.

Bynum, T., Thomas, J., & Weitz, L. (1972). Thruth functional logic in formal operations thinking: Inhelder's and Piaget's evidence. *Developmental Psychology, 7*, 125-132.

Cabello, R., Fernández-Berrocal, P., Extremera, N., & Ruiz-Aranda, D. (2007). Regulación entre medidas de regulación emocional. In A. A. Candeias & L. S. Almeida (Coords.), *Inteligência Humana* (Vol. 1, pp. 421-433). Coimbra: Quarteto.

Calder, A. J., Young, A. W., Rowland, D., Perrett, D. I., Hodges, J. R., & Etcoff, N. L. (1996). Facial emotion recognition after bilateral amygdala damage: Differentially severe impairment of fear. *Cognitive Neuropsychology, 13*, 699-745.

Campbell, R., Heywood, C., Cowey, A., Regard, M., & Landis, T. (1990). Sensitivity to eye gaze in prosopagnosic patients and monkeys with superior temporal sulcus ablation. *Neuropsychologia, 28*, 1123-1142.

Candeias, A. A. (2003). *A(s) Inteligência(s) que os testes de QI não avaliam: Inteligência social e inteligência emocional*. Évora: Universidade de Évora.

Candeias, A. A. (2007). *Prova cognitiva de inteligência social*. Lisboa: CEGOC.

Cantor, N., & Kihlstrom, J. (1987). *Personality and social intelligence*. New Jersey: Prentice-Hall.

Cantor, N., & Mischel, W. (1977). Prototypes in person perception. In L. Berkowitz (Ed.), *Advances in experimental social psychology* (Vol. 12, pp. 3-52). New York: Academic Press.

Cardellini, L., & Pascual-Leone, J. (2004). On mentors, cognitive development, education, and constructivism: An interview with Juan Pascual-Leone. *Journal of Cognitive Education and Psychology, 4*, 199-219.

Carlson, J. S., & Widaman, K. F. (1987). Elementary cognitive correlates of *g*: Book Progress and prospects. In P. A. Vernon (Ed.), *Speed of information processing* (pp. 69-99). Norwood, NJ: Ablex.

Carpenter, P. A., & Just, M. A. (1986). Spatial ability: An information processing approach to psychometrics. In R. J. Sternberg (Ed.), *Advances in the psychology of human intelligence* (Vol. 3, pp. 221-253). Hillsdale, NJ: Lawrence Erlbaum.

Carroll, J. B. (1993). *Human cognitive abilities: A survey of factor-analytic studies*. New York: Cambridge University Press.

Carroll, J. B. (1994). Cognitive abilities: Constructing a theory from data. In D. K. Detterman (Ed.), *Current topics in human intelligence: Theories of intelligence* (Vol. 4, pp. 43-64). Norwood, NJ: Ablex.

Case, R. (1985). *Intellectual development: Birth to adulthood*. Orlando: Academic Press.

Case, R. (1989). *El desarrollo intelectual: del nacimiento a la edad madura*. Barcelona: Paidós. (Trabajo original publicado en 1985).

Case, R. (1992). Neo-Piagetian theories of child development. In R. J. Sternberg & C. S. Berg (Eds.), *Intellectual development* (pp. 161-196). Cambridge: University Press.

Case, R. (1999). Conceptual development in the child and the field: A personal view of the Piagetian legacy. In E. K. Skolnick, K. Nelson, S. A. Gelman, & P. H. Miller (Eds.), *Conceptual development* (pp. 23-52). Mahwah, NJ: Lawrence Erlbaum.

Case, R., Demetriou, A., Platsidou, M., & Kazi, S. (2001). Integrating concepts and tests of intelligence from the differential and developmental traditions. *Intelligence, 29*, 307-336.

Case, R., & Mueller, M. P. (2001). Differentiation, integration, and covariance mapping as fundamental processes in cognitive and neurological growth. In J. L. McClelland & R. S. Siegler (Eds.), *Mechanisms of cognitive development* (pp. 185-220). Mahwah, NJ: Lawrence Erlbaum.
Casey, G., & Moran, A. (1989). The computational metaphor and cognitive-psychology. *Irish Journal of Psychology, 10*(2), 143-161
Castelló, A. (1992). Concepto de superdotación y modelos de inteligência. In Y. Benito (Ed.), *Desarrollo y educación de los niños superdotados* (pp. 19-35). Salamanca: Amaru.
Cattell, R. B. (1963). Theory of fluid and crystallized intelligence: A critical experiment. *Journal of Educational Psychology, 54*, 1-22.
Cattell, R. B. (1966). Multivariate behavioral research and the integrative challenge. *Multivariate Behavioral Research, 1*(1), 4-23.
Cattell, R. B. (1967). The theory of fluid and crystallized intelligence checked at the 5-6 year-old level. *British Journal of Educational Psychology, 37*(2), 209-224.
Cattell, R. B. (1971). *Abilities: Their structure, growth and action.* Boston: Houghton Mifflin.
Chase, W. G., & Simon, H. A. (1973). The mind's eye in chess. In W. G. Chase (Ed.), *Visual information processing* (pp. 215-281). New York: Academic Press.
Chen, J., & Gardner, H. (1997). Alternative assessment from a multiple intelligences theoretical perspective. In D. P. Flanagan, J. L. Genshaft, & P. L. Harrison (Eds.), *Contemporary intellectual assessment: Theories, tests, and issues* (pp. 105-121). New York: The Guilford Press.
Chi, M. T. H., Feltovich, P., & Glaser, R. (1981). Categorization and representation of physics problems by experts and novices. *Cognitive Science, 5*, 121-152.
Chi, M. T. H., Glaser, R., & Rees, E. (1982). Expertise in problem solving. In R. J. Sternberg (Ed.), *Advances in the psychology of human intelligence* (pp. 7-75). Hillsdale, NJ: Lawrence Erlbaum.
Chiapetta, E. (1976). A review of piagetian studies relevant to science instruction at the secondary and college level. *Science Education, 60*, 253-261.
Chiesi, H. L., Spilich, G. J., & Voss, J. F. (1979). Acquisition of domain-related information in relation to high and low domain knowledge. *Journal of Verbal Learning and Verbal Behavior, 18*, 257-273.
Chinn, C. A., & Malhotra, B. A. (2002). Epistemologically authentic inquiry in schools: A theoretical framework for evaluating inquiry tasks. *Science Education, 86*, 175 218.
Ciarrochi, J. V, Chan, A. Y. C., & Caputi, P. (2000). A critical evaluation of the emotional intelligence construct. *Personality and Individual Differences, 28*, 539-561.
Colom, R., Abad, F. J., Rebollo, I., & Shih, P. C. (2005). Memory span and general intelligence: A latent variable approach. *Intelligence, 33*, 623-642.
Colom, R., Jung, R. E., & Haier, J. (2006). Distributed brain sites for the *g*-factor of intelligence. *Neuroimage, 31*(3), 1359-1365.
Colom, R., Rebollo, I., Palacios, A., Juan-Espinosa, M, & Kyllonen, P. (2004). Working memory is (almost) perfectly predicted by *g*. *Intelligence, 32*, 277-296.
Conway, A. R. A. (2005). Cognitive mechanisms underlying intelligence: Defensive of a reductionist approach. In O. Wilhelm & R. W. Engle (Eds.), *Handbook of understanding and measuring intelligence* (pp. 47-60). Thousand Oaks, CA: Sage.

Conway, A. R. A., Cowan, N., Bunting, M, Therriault, D., & Minkoff, S. (2002). A latent variable analysis of working memory capacity, short-term memory capacity, processing speed, and general fluid intelligence. *Intelligence, 30*, 163-183.

Cooper, C. (1999). *Intelligence and abilities*. London: Routledge.

Cooper, L. A., & Shepard, R. N. (1973). Chronometric studies of the rotation of mental images. In W. G. Chase (Ed.), *Visual information processing* (pp. 75-176). New York: Academic Press.

Cornoldi, C., Beni, R., Giusberti, F., & Massironi, M. (1998). Memory and imagery: A visual trace is not a mental image. In M. A. Conway & S. E. Gathercole (Eds.), *Theories of memory* (Vol. 2, pp. 87-110). Hove: Psychology Press.

Cronbach, L. J. (1957). The two disciplines of scientific psychology. *American Psychologist, 12*, 671-684.

Cronbach, L. J. (1984). *Essentials of psychological testing*. New York: Harper & Row.

Cruz, V. (2005). *Uma abordagem cognitiva às dificuldades na leitura: Avaliação e intervenção*. Tese de Doutoramento não publicada, Faculdade de Motricidade Humana, Universidade Técnica de Lisboa.

Curry, L. (1983). *An organization of learning styles theory and constructs*. Comunicación presentada en el 67th Annual Meeting of the American Educational Research Association, Montreal.

Curry, L. (1987). *Integrating concepts of cognitive or learning style: A review with attention to psychometrics standards*. Ottawa: Canadian College of Health Service.

Curry, L. (1991). Patterns of learning styles across selected medical specialities. *Educational Psychology, 11*, 247-277.

Damasio, A. (1997). *O erro de Descartes: Emoção, razão e cérebro humano*. Mem Martins: Publicações Europa-América.

Daniels, H. (Ed.) (1996). *An introduction to Vygotsky*. London: Routledge.

Danthier, V., Wilhelm, O., Schulze, R., & Roberts, R. D. (2005). Factor structure and validity of paper-and-pencil measures of mental speed: Evidence for a higher-order model? *Intelligence, 33*, 491-514.

Das, J. P., Naglieri, J. A., & Kirby, J. R. (1994). *Assessment of cognitive processes the PASS theory of intelligence*. Boston: Allyn & Bacon.

Davidson, J. E., & Sternberg, R. (1986). The role of insight in intellectual giftedness. *Gifted Child Quarterly, 28*, 58-64.

Davies, M., Stankov, L., & Roberts, R. D. (1998). Emotional intelligence: In search of an elusive construct. *Journal of Personality and Social Psychology, 75*(4), 989-1015.

Deary, I. J. (2001). *Intelligence*. Oxford: Oxford University Press.

Delgado, A. R., & Prieto, G. (1997). *Introducción a los métodos de investigación de la psicología*. Madrid: Pirámide.

Demetriou, A. (Ed.). (1988). *The Neo-Piagetian theories of cognitive development: Toward an integration*. Amsterdan: North-Holland.

Demitriou, A. (1990). Structural and developmental relations between formal and postformal capacities: Towards a comprehensive theory of adolescent and adult cognitive development. In M. L. Commons, C. Armon, L. Kohlberg, F. A. Richards, T. A. Grotzer, & J. D. Sinnott (Eds.), *Adult development: Vol 2. Models and methods in the study of adolescent and adult thought* (pp. 147-173). New York: Praeger.

Demetriou, A., Platsidou, M., Efklides, A., Metallidou, Y., & Shayer, M. (1991). The development of quantitative-relational abilities from childhood to adolescence: Structure, scaling, and individual differences. *Learning and Instruction, 1*, 19-43.
Demetriou, A., Platsidou, M., Efklides, A., Metallidou, Y., & Shayer, M. (1993). Structure and development of causal-experimental thought: From early adolescence to youth. *Developmental Psychology, 29*(3), 480-497.
Demetriou, A., Platsidou, M., Efklides, A., Metallidou, Y., & Shayer, M. (2002). The development of mental processing: Efficiency, working memory, and thinking. *Monographs of the Society for Research in Child Development, 67*(1, n. 268).
Demetriou, A., & Raftopoulos, A. (1999). Modelling the developing mind: From structure to change. *Developmental Review, 19*, 319-368.
de Ribaupierre, A. (1983). Un modèle neo-piagetian du développement: La théorie des opérateurs constructifs de Pascual-Leone. *Cahiers de Psychologie Cognitive, 3*, 327-356.
de Ribaupierre, A. (2007). Modèles néo-piagétiens du développement cognitif et perspective psychométrique de l'intelligence: y a-t-il convergence? *L'année psychologique, 107*, 257-302.
Detterman, D. K. (1987). What does reaction time tell us about intelligence? In P. A. Vernon (Ed.), *Speed of information-processing and intelligence* (pp. 177-200). Norwood, NJ: Ablex.
Dodge, K. (1986). A social information processing model of social competence in children. In M. Perlmutter (Ed.), *Minnesota Symposium in Child Psychology* (pp. 77-125). Hillsdale, NJ: Lawrence Erlbaum.
Dulit, E. (1972). Adolescent thinking à la Piaget: The formal stage. *Journal of Youth and Adolescence, 1*, 281-301.
Duncan, J., Burgess, P., & Emslie, H. (1995). Fluid intelligence after frontal lobe lesions. *Neuropsychologia, 33*, 261-268.
Ebbinghaus, H. (1896-1897). Über eine neue Methode zur Prüfung geistiger Fähigkeiten und ihre Anwendung bei Schulkindern. *Zeitschrift für Psychologie und Psychologie der Sinneorgane, 13*, 401-459.
Efklides, A., Demetriou, A., & Metallidou, Y. (1994). The structure and development of propositional reasoning ability: cognitive and metacognitive aspects. In A. Demetriou & A. Efklides (Eds.), *Intelligence, mind and reasoning: Structure and development* (pp. 151-172). Amsterdam: Elseviers Science B. V.
Egan, D. E., & Greeno, J. G. (1973). Acquiring cognitive structure by discovery and rule learning. *Journal of Educational Psychology, 64*, 85-97.
Ekstrom, R. B., French, J. W., Harman, H. H., & Dermen, D. (1976). *Manual for kit of factor referenced cognitive tests*. Princeton, NJ: Educational Testing Service.
Embretson, S. E. (Ed.) (1985). *Test design: Developments in psychology and psychometrics*. Orlando, FL: Academic Press.
Embretson, S. E. (1992). Measuring and validating cognitive modifiability as an ability: A study in the spatial domain. *Journal of Educational Measurement, 29*, 1, 25-50.
Engle, R.W., Tüholski, S., Laughlin, J., & Conway, A.R.A. (1999). Working memory, short-term memory, and general fluid intelligence: A latent-variable approach. *Journal of Experimental Psychology: General, 128*(3), 309-331.
Eslinger, P., & Damasio, A. (1985). Severe disturbance of higher cognition after bilateral frontal lobe ablation: Patient EVR. *Neurology, 35*, 1731-1741.

Evans, J. J., Floyd, R. G., McGrew, K. S., & Leforgee, M. H. (2002). The relations between measures of Cattell-Horn-Carroll (CHC) cognitive abilities and reading achievement during childhood and adolescence. *School Psychology Review, 31*(2), 246-262.

Evans, J. T. (1977). The psychology of deductive reasoning. In A. Burton & J. Radford (Eds.), *Thinking in perspective* (pp.). London: Methuen.

Extremera, N., Fernández-Berrocal, P., Ruiz-Aranda, D., & Cabello, R. (2007). Validez del constructo de inteligencia emocional. Diferencias del género y de la edad usando el MSCEIT. In A. A. Candeias & L. S. Almeida (Coords.), *Inteligência Humana* (Vol. 1, pp. 393-406). Coimbra: Quarteto.

Eysenck, H. J. (1979). *The structure and measurement of intelligence*. New York: Springer Verlag.

Eysenck, H. J. (1982). Introduction. In H. J. Eysenck (Ed.), *A model for intelligence* (pp. 1-10). New York: Springer-Verlag.

Eysenck, H. J. (1987). Behavior therapy. In H. Eysenck & I. Martin (Orgs.), *Theoretical foundations of behavior therapy* (pp. 3-35). New York: Plenum.

Eysenck, H. J. (1988) Personality, stress and cancer: Prediction and prophylaxis. *British Journal of Medical Psychology, 61*, 57-75.

Eysenck, M. W. (1994). *Principles of cognitive psychology*. Hove, UK: Lawrence Erlbaum.

Farah, M. (1985). Psychophysical evidence for a shared representational medium for mental images and percepts. *Journal of Experimental Psychology: General, 114*, 91-103.

Faria, L., & Santos, N. L. (2005). *Adaptation of the ESCQ to the portuguese context*. Comunicação apresentada no 9th European Congress of Psychology, Granada.

Fernandez-Berrocal, P., & Extremera, N. (2006). Emotional intelligence: A theoretical and empirical review of its 15 years of history. *Psicothema, 18*, 7-12.

Fernandez-Berrocal, P., Extremera, N., Cabello, R., & Ruiz-Aranda, D. (2007). The influence of perceived emotional intelligence on emotional reactivity and recovery after mood induction. In A. A. Candeias & L. S. Almeida (Coords.), *Inteligência Humana* (Vol. 1, pp. 435-448). Coimbra: Quarteto.

Ferrándiz, C. (2005). *Evaluación y desarrollo de la competencia cognitiva: Un estudio desde el modelo de las inteligencias múltiples*. Madrid: Ministerio de Educación y Ciencia.

Ferrándiz, C., Prieto, M. D., Ballester, P., & Bermejo, M. R. (2004). Validez y fiabilidad de los instrumentos de evaluación de las inteligencias múltiples. *Psicothema, 52*, 17-24.

Ferreira, A. I., Almeida, L. S., & Prieto, G. (2008). Memória: Seus conteúdos e estrutura no desempenho académico de estudantes universitários. In J. A. González-Pienda & J. C. N. Pérez (Eds.), *Psicología y Educación: Un lugar de encuentro* (pp. 1177-1183). Oviedo: Universidade de Oviedo.

Feuerstein, R. (1979). *The dynamic assessment of retarded performers: The learning potential assessment device, theory, instruments and techniques*. Baltimore: University Park Press.

Feuerstein, R. (1986). *Mediated learning experience*. Jerusalén. WIZO-Canadá Research Institute.

Fiorello, C. A., & Primerano, D. (2005). Cattell-Horn-Carroll cognitive assessment in practice: Eligibility and program development issues. *Psychology in the Schools, 42*, 525-536.

Fischer, K. W. (1980). A theory of cognitive development: The control and construction of hierarchies of skills. *Psychological Review, 87*, 477-531.

Fischer, K. W., & Lamborn, S. D. (1989). Mechanisms of variation in developmental levels: Cognitive and emotional transitions during adolescence. In A. de Ribaupierre (Ed.), *Transition mechanisms in child development* (pp. 33-67). Cambridge: Cambridge University Press.

Fischer, K. W., & Silvern, L. (1985). Stages and individual differences in cognitive development. *Annual Review of Psychology, 36*, 613-648.

Flanagan, D. P., & Kaufman, A. S. (2004). *Essentials of WISC-IV assessment.* Hoboken, NJ: John Wiley & Sons.

Flanagan, D. P., McGrew, K. S., & Ortiz, S. O. (2000). *The Wechsler Intelligence Scales and Gf-Gc Theory: A contemporary approach to interpretation.* Boston: Allyn & Bacon.

Flanagan, D. P., & Ortiz, S. O. (2001). *Essentials of cross-battery assessment.* New York: John Wiley & Sons, Inc.

Fletcher, P. C., & Henson, R. N. A. (2001). Frontal lobes and human memory. Insights from functional neuroimaging. *Brain, 124*, 849-881.

Floyd, R. G., Bergeron, R., McCormack, A. C., Anderson, J. L., & Hargrove-Owens, G. L. (2005). Are CattellHornCarroll (CHC) broad ability composite scores exchangeable across batteries? *School Psychology Review, 34*, 386-414.

Fodor, J. A. (1975). *The language of thought.* New York: Crowell.

Franco, M. G. (1999). Uma formação possível para uma profissão impossível: O professor e a sua formação psicológica. In A. M. Bretão, M. S. Ferreira, & M. R. Santos (Eds.), *Pensar a escola sobre os olhares da psicologia* (pp. 161-172). Porto: Edições Afrontamento.

Franco, M. G. (2003). *A gestão das emoções na sala de aula: Projecto de modificação das atitudes emocionais de um grupo de docentes do 1º ciclo do ensino básico.* Tese de Doutoramento não publicada, Universidade da Madeira, Funchal.

Franco, M. G. (2007a). *A gestão das emoções na sala de aulas.* Lisboa: Fundação Calouste Gulbenkian/ FCT-MCTES.

Franco, M. G. (2007b). Inteligência emocional. Modelos, instrumentos de avaliação e limites. In A. A. Candeias & L. S. Almeida (Coords.), *Inteligência Humana* (Vol. 1, pp. 73-96). Coimbra: Quarteto.

Galotti, K. M. (2004). *Cognitive psychology: In and out of the laboratory.* Belmont, CA: Wadsworth/Thomson Learning.

Galton, F. (1869). *Hereditary genius: An inquiry into its laws and consequences.* London: MacMillan.

Galton, F. (1883). *Inquiries into human faculty and its development.* London: MacMillan.

Gardner, H. (1983). *Frames of mind: The theory of multiple intelligences.* New York: Basic Books.

Gardner, H. (1993). *Frames of mind: The theory of multiple intelligences* (tenth-anniversary edition). New York: Basic Books.

Gardner, H. (1994). Intelligences in theory and practice: A response to Elliot W. Eisner, Robert J. Sternberg & Henry M. Levin. *Teacher's College Record, 95*(4), 576-583.

Gardner, H. (1999a). *Intelligence reframed: Multiple intelligences for the 21st.* New York: Basic Books.

Gardner, H. (1999b). Are there additional intelligences?: The case for naturalist, spiritual, and existential intelligences. In J. Kane (Ed.), *Education: Information and transformation* (pp. 111-131). Englewood Cliffs, NJ: Prentice-Hall.

Gardner, H. (2003). *La inteligencia reformulada. Las inteligencias múltiples en el siglo XXI*. Barcelona: Paidós.
Gardner, H., Feldman, D., & Krechevsky, M. (1998a). *Project Spectrum: Building on children's strengths: The experience of project spectrum*. New York: Teachers College Press.
Gardner, H., Feldman, D., & Krechevsky, M. (1998b). *Project Spectrum: Early learning activities*. New York: Teachers College Press.
Gardner, H., Feldman, D., & Krechevsky, M. (1998c). *Project Spectrum: Preschool assessment handbook*. New York: Teachers College Press.
Gardner, H., Kornhaber, M. L., & Wake, W. K. (1996). *Intelligence multiple perspectives*. Forth Worth: Harcourt Brace College Publishers.
Geertz, C. (1975). On the nature of anthropological understanding. *American Scientist, 63*, 47-53.
Gelman, R., Meck, E., & Merkin, S. (1986). Young children's numerical competence. *Cognitive Development, 1*, 1-29.
Gibbs, L., & Widaman, K. F. (1982). *Social intelligence: Measuring the development of sociomoral reflection*. Englewood Cliffs, N J: Prentice Hall.
Goleman, D. (1996). *Inteligência emocional*. Lisboa: Círculo de Leitores.
Goleman, D. (1997). *Inteligência emocional*. Lisboa: Temas e Debates.
Goleman, D. (1998). *Working with emotional intelligence*. New York: Bantam Books.
Goleman, D. (2006). *Inteligência social*. Lisboa: Temas e Debates.
Gottfredson, L. (2003). Dissecting practical intelligence theory: Its claims and its evidence. *Intelligence, 31*, 343-397
Gould, S. J. (1991). *A falsa medida do homem*. Sao Paulo: Martins Fontes.
Greenspan, S., & Driscoll, J. (1997). The role of intelligence in a broad model of personal competence. In D. Flanagan, J. Genshaft, & P. Harrison (Eds.), *Contemporary intellectual assessment: Theories, tests, and issues* (pp. 131-150). London: The Guilford Press.
Gregorc, A. F. (1979). Learning/teaching styles: Potent forces behind them. *Educational Leadership, January*, 234-236.
Gregorc, A. F. (1985). *Inside styles: Beyond the basics*. Maynard, MA: Gabriel Systems.
Grigorenko, E. L., Jarvin, L., & Sternberg, R.J. (2002). School-based tests of the Triarchic Theory of intelligence: Three settings, three samples, three syllabi. *Contemporary Educational Psychology, 27*, 167-208.
Grigorenko, E. L., & Sternberg, R. J. (1995). Thinking styles. In D. H. Saklofske & M. Zeidner (Eds.), *International handbook of personality and intelligence* (pp. 205-229). New York: Plenum Press.
Guilford, J. P. (1959). Three faces of intellect. *American Psychologist, 14*, 469-679.
Guilford, J. P. (1967). *The nature of human intelligence*. New York: McGraw-Hill.
Guilford, J. P. (1980). Fluid and crystallized intelligence: Two fancifull concepts. *Psychological Bulletin, 88*(2), 406-412.
Guilford, J. P. (1982). Cognitive psychology's ambiguities: Some suggested remedies. *Psychological Review, 89*(1), 48-59.
Guilford, J. P. (1985). The structure of intellect model. In B. Wolman (Ed.), *Handbook of intelligence* (pp. 225-266). New York: John Wiley & Sons.
Guilford, J. P. (1988). Some changes in the structure-of-intellect model. *Educational and Psychological Measurement, 48*, 1-4.

Guisande, M. A., Páramo, M. F., Tinajero, C., & Almeida, L. S. (2007). Field dependence-independence cognitive style: An analysis of attentional functioning. *Psicothema, 19*, 572-577.

Gustafsson, J. E. (1984). A unifying model for the structure of intellectual abilities. *Intelligence, 8*, 179-204.

Gustafsson, J. E. (1994). Hierarchical models of intelligence and educational achievement. In A. Demetriou & A. Efklides (Eds.), *Intelligence, mind, and reasoning: Structure and development* (pp. 45-73). Amsterdam: North Holland.

Gustafsson, J. E., & Undheim, J. O. (1996). Individual differences in cognitive functions. In D. C. Berliner & R. C. Calfee (Orgs.), *Handbook of educational psychology* (pp. 186-242). New York: Macmillan.

Haier, R. J., Jung, R. E., Yeo, R. A., Head, K., & Alkire, M. T. (2005). The neuroanatomy of general intelligence: Sex matters. *NeuroImage, 25*, 320-327.

Haier, R. J., Nuechterlein, K. H., Hazlett, E., Wu, J. C., & Paek, J. (1988). Cortical glucose metabolic rate correlates of abstract reasoning and attention studied with positron emission tomography. *Intelligence, 12*, 199-217.

Hastie, R., Ostrom, T., Ebbesen, E., Wyer, R. S., Hamilton, D., & Carlston, D.E. (1980). *Person memory: The cognitive basis of social perception.* Hillsdale, NJ: Erlbaum.

Hayes, J., & Allison, C. W. (1998). Cognitive style and the theory and practice of individual and collective learning in organizations. *Human Relations, 51*, 847-871.

Hedlung, J., & Sternberg, R. J. (2000). Too many intelligences? Integrating social, emotional and pratical intelligence. In R. Bar-On & J. D. A. Parker (Eds.), *The handbook of emocional intelligence: Theory, development, asssessment, and application at home, school, and in the workplace.* (pp. 136-167). San Francisco: Jossey-Bass.

Hegarty. M., & Waller, D. (2004). A dissociation between mental rotation and perspective-taking spatial abilities. *Intelligence, 32*, 175-191.

Herrnstein, R. J., & Murray, C. (1994). *The bell curve: Intelligence and class structure in Amerian life.* New York: Free Press.

Holzman, T. G., Glaser, R, & Pellegrino, J. W. (1976). Process training derived from a computer simulation theory. *Memory & Cognition, 4*, 349-356.

Horn, J. L. (1988). Thinking about human intelligence. In J. R. Nesselroad & R. B. Cattell (Eds.), *Handbook of multivariate experimental psychology* (pp. 645-685). New York: Plenum Press.

Horn, J. L. (1991). Measurement of intellectual capabilities: A review of theory. In K. S. McGrew, J. K. Werder, & R. W. Woodcook (Eds.), *WJ-R technical manual* (pp. 197-245). Chicago: Riverside.

Horn, J. L. (1998). A basis for research on age differences in cognitive abilities. In J. J. McArdle & R. W. Woodcock (Eds.), *Human cognitive abilities in theory and practice* (pp. 57-92). Mahwah, NJ: Lawrence Erlbaum.

Horn, J. L., & Blankson, N. (2005). Foundations for better understanding of cognitive abilities. In D. P. Flanagan & P. L. Harrison (Eds.) *Contemporary intellectual assessment: Theories, tests and issues* (pp. 41-68). New York: Guilford Press.

Horn, J. L., & Hoffer, S. M. (1992). Major abilities and development in the adult period. In R. J. Sternberg & C. A. Berg (Eds.), *Intellectual development* (pp. 44-99). Cambridge, MA: Cambridge University Press.

Horn, J. L., & Masunaga, H. (2000). New directions for research into aging and intelligence: The development of expertise. In T. J. Perfect & E. A. Maylor (Eds.), *Models of cognitive aging* (pp. 125-159). Oxford, England: Oxford University Press.

Horn, J., & Noll, J. (1994). A system for understanding cognitive capabilities: A theory and the evidence on which it is based. In D. K. Detterman (Ed.), *Current topics in human intelligence: Theories of intelligence* (Vol. 4, pp. 151-204). Norwood, NJ: Ablex.

Horn, J. L., & Noll, J. (1997). Human cognitive capabilities: Gf-Gc theory. In D. P. Flanagan, J. L. Genshaft, & P. L. Harrison (Eds.), *Contemporary intellectual assessment: Theories, tests, and issues* (pp. 53-91). New York: The Guilford Press.

Howard, R. W. (1993). On what intelligence is. *British Journal of Psychology, 84*, 27-37.

Howe, M. (1988). Intelligence as explanation. *British Journal of Psychology, 79*, 349-360.

Howe, M. (1997). *IQ in question: The truth about intelligence.* London: SAGE publications.

Hunt, E. B. (1978). Mechanics of verbal ability. *Psychological Review, 85*, 109-130.

Hunt, E. B. (1980). Intelligence as an information-processing concept. *British Journal of Psychology, 74*, 449-474.

Hunt, R. G., Krzystofiak, F. J., Meindl, J. R., & Yousry, A. M. (1989). Cognitive styles and decision making. *Organizational Behavior and Human Decision Processes, 44*, 436-453.

Hunt, E. B., Lunneborg, C., & Lewis, J. (1975). What does it mean to be high verbal? *Cognitive Psychology, 7*, 194-227.

Inhelder, B., & Piaget, J. (1955). *De la logique de l'enfant à la logique de l'adolescent, essai sur la construction des strutures opératoires formelles.* Paris: Presses Universitaires de France.

Inhelder, B., & Piaget, J. (1958). *The growth of logical thinking from childhood to adolescence.* New York: Basic Books.

Inhelder, B., Sinclair, H., & Bovet, M. (1974). *Apprentissage et structures de la connaissance.* Paris: Presses Universitaires de France.

Jaušovec, N., & Jaušovec, K. (2005). Differences in induced gamma and upper alpha oscillations in the human brain related to verbal/performance and emotional intelligence. *International Journal of Psychophysiology, 56*(3), 223-235.

Jensen, A. R. (1969). How much can we boost IQ and scholastic achievement? *Harvard Educational Review, 39*, 1-123.

Jensen, A. R. (1971). Hebb's confusion about heritability. *American Psychology, 26*, 394-399.

Jensen, A. R. (1981). *Straight talk about mental tests.* New York: The Free Press.

Jensen, A. R. (1982). The chronometry of intelligence. In R. J. Sternberg (Ed.), *Advances in the psychology of human intelligence* (Vol. 1, pp. 255-310). Hillsdale, NJ: Erlbaum.

Jensen, A. R. (1985). The nature of the Black-White difference on various psychometric tests: Spearman's hypothesis. *Behavioral and Brain Sciences, 8*, 193-263.

Jensen, A. R. (1987). Individual differences in the Hick paradigm. In P. A. Vernon (Ed.), *Speed of information processing and intelligence* (pp. 101-175). Northwood, NJ: Ablex.

Johnson, W., & Bouchard, T. J. (2005). The structure of human intelligence: It is verbal, perceptual, and image rotation (VPR), not fluid and crystallized. *Intelligence, 33*, 393-416.

Johnson, W., Bouchard, T. J., Krueger, R. F., McGue, M, & Gottesman, I. I. (2004). Just one *g*: Consistent results from three test batteries. *Intelligence, 32*, 95-107.

Johnson, J., Fabian, V., & Pascual-Leone, J. (1989). Is working memory working? *Quarterly Journal of Experimental Psychology, 44*, 1-31.

Johnson, J., Im-Bolter, N., & Pascual-Leone, J. (2003). Development of mental attention in gifted and mainstream children: The role of mental capacity, inhibition, and speed of processing. *Child Development, 74*(6), 1594-1614.

John-Steiner, V., & Mahn, H. (2003). Sociocultural contexts for teaching and learning. In A. Reynolds, M. William, & G. E. Miller (Eds.), *Handbook of psychology* (Vol. 7, pp. 125-151). New York: John Wiley and Sons.

Jonassen, D. H., & Grabowski, B. L. (1993). *Handbook of individual differences and instruction*. Hillsdale, NJ: Erlbaum.

Jones, R.G, Chomiak, M., Rittman, A., & Green, T. (2006). Distinguishing motives through perception of emotions. *Psicothema, 18*, 67-71.

Josse, D. (1997). *BLR: Brunet-Lézine Revisado – Escala de desarrollo psicomotor de la primera infancia*. Madrid: Psymtéc, s.a. (Tradução de Santiago Pereda Marín).

Juhel, J. (1991). Spatial abilities and individual differences in visual information processing. *Intelligence, 15*(1), 117-137.

Kagan, J. (1966). Developmental studies in reflection and analysis. In A. H. Kidd & J. L. Rivoire (Eds.), *Perceptual development in children* (pp. 487-522). New York: International University Press.

Kail, R., & Hall, L. K. (2001). Distinguishing short-term memory from working memory. *Memory & Cognition, 29*(1), 1-9.

Kail, R., & Pellegrino, J. W. (1985). *Human intelligence: Perspectives and prospects*. New York: W. H. Freeman and Company.

Kallio, E., & Pirttilä-Backman, A. M. (2003). Developmental processes in adulthood European research perspectives. *Journal of Adult Development, 10*(3), 135-138.

Kamphaus, R. W., Petoskey, M. D., & Morgan, A. W. (1997). A history of intelligence test interpretation. In D. P. Flanagan, J. L. Genshaft, & P. L. Harrison (Eds.), *Contemporary intellectual assessment: Theories, tests and issues* (pp. 45-46). New York: Guilford Press.

Kane, M. J. (2005). Full frontal fluidity? Looking in on the neuroimaging of reasoning and intelligence. In O. Wilhelm & R. W. Engle (Eds.), *Handbook of understanding and measuring intelligence* (pp. 141-163). Thousand Oaks, CA: Sage

Kaufman, A. S. (1982). *Psicometria razonada con el WISC-R*. México: El Manual Moderno.

Kaufmann, G. (1989). *The assimilator-explorator inventory in cognitive style and insight*. Norway: University of Bergen.

Kaufman, J. C., Kaufman, A. S., Kaufman-Singer, J., & Kaufman, N. L. (2005). The Kaufman Assessment Battery for Children Second edition and the Kaufman Adolescent and Adult Intelligence test. In D. P. Flanagan, J. L. Genshaft, & P. L. Harrison (Eds.), *Contemporary intellectual assessment: Theories, tests and issues* (pp. 344-370). New York: Guilford.

Keating, D. P., & MacLean, D. J. (1987). Cognitive processing, cognitive ability and development: A reconsideration. In P. A. Vernon (Ed.), *Speed of information-processing and intelligence* (pp. 239-270). Norwood, NJ: Ablex.

Keele, S. M, & Bell, R. C. (2008). The factorial validity of emotional intelligence: An unresolved issue. *Personality and Individual Differences, 44*, 487-500.

Keith, T. Z. (2005). Using confirmatory factor analysis to aid in understanding the constructs measured by intelligence tests. In D. P. Flanagan, J. L. Genshaft, & P. L.

Harrison (Eds.), *Contemporary intellectual assessment: Theories, tests and issues* (pp. 581-614). New York: Guilford.
Kelley. H. L. (1967). Attribution theory in social psychology. In D. Levine (Ed.), *Nebraska symposium on motivation* (Vol. 15, pp. 192-238). Lincoln: University of Nebraska Press.
Kemps, E., de Rammelaere, S., & Desmet, T. (2000). The development of working memory: Exploring the complementarity of two models. *Journal of Experimental Child Psychology, 77,* 89-109.
Kihlstrom, J., & Cantor, N. (2000). Social Intelligence. In R. J. Sternberg (Ed.), *Handbook of intelligence* (pp. 359-379). Cambridge: Cambridge University Press.
King, P. M., & Kitchner, K. S. (1994). *Developing reflective judgment: Understanding and promoting intellectual growth and critical thinking in adolescents and adults.* San Francisco: Jossey-Bass Publishers.
Kirton, M. J. (1976). Adaptors and innovators: A description and a measure. *Journal Applied Psychology, 61,* 622-629.
Kirton, M. J. (1994). *Adaptors and innovators.* London: Routledge.
Kogan, N. (1976). *Cognitive styles in infancy and early childhood.* Hillsdale, NJ: Lawrence Erlbaum.
Kohlberg, L. (1963). The development of children's orientations toward a moral order: I. Sequence in the development of moral thought. *Vita Humana, 6,* 11-33.
Kolb, D. A. (1976). *The Learning Style Inventory. Technical Manual.* Boston, MA: McBer.
Kolb, I., & Whishaw, B. (1996). *Fundamentals of human neuropsychology.* New York: W. H. Freeman.
Kornhaber, M. (1994). *The theory of multiple intelligences: Why and how scools use it.* Cambridge, MA: Harvard Graduate School of Education.
Kornhaber, M., & Gardner, H. (1991). Critical thinking across multiple intelligences. In S. Maclure, & P. Davies (Eds.), *Learning to think: thinking to learn* (pp. 147-170). Elmsford, Ny: Pergamon.
Kornhaber, M., & Krechevsky, M. (1995). Expanding definitions of teching and learning: Notes from the MI underground. In P. Cookson & B. Schneider (Eds.), *Transforming schools* (pp. 181-208). New York: Garland Press.
Kornhaber, M., Krechevsky, M., & Gardner, H. (1990). Engaging intelligence. *Educational Psychologist, 25*(3-4), 177-199.
Krechvesky, M., & Gardner, H. (1994). Multiple intelligences in multiple contexts. In D. K. Detterman (Ed.), *Current topics in human intelligence: Theories of intelligence* (Vol. 4, pp. 285-305). Norwood, NJ: Ablex.
Kyllonen, P. C., & Christal, R. E. (1990). Reasoning ability is (little more than) working-memory capacity?! *Intelligence, 14,* 389-433.
Labouvie-Vief, G. (1992). A neopiagetian perspective on adult cognitive development. In R. J Sternberg & C. A Berg (Eds.), *Intellectual development* (pp. 197-228). Cambridge: Cambridge University Press.
La Haye, A. M. (1991). Problems and procedures: A typology of paradigms in interpersonal cognition. *European Bulletin of Cognitive Psychology, 11*(2), 279-304.
Landau, B., Gleitman, H., & Spelke, E. (1981). Spatial knowledge and geometric representation in a child blind from birth. *Science, 213,* 1275-1278.
Larkin, J., McDermott, J., Simon, D. P., & Simon, H. A. (1980). Models of competence in solving physics problems. *Cognitive Science, 4,* 317-345.

Larson, G. E., & Saccuzzo, D. P. (1989). Cognitive correlates of general intelligence: Toward a process theory of *g*. *Intelligence, 13*, 5-31.
Leahy, R. L., & Hunt, T. M. (1983). A cognitive – developmental approach to the development of conceptions of intelligence. In R. L. Leahy (Ed.), *The child's construction of social inequality* (pp. 135-160). New York: Academic Press.
Lefrançois, G. R. (1995). *Theories of human learning*. Pacific Grove: Brooks/Cole Publishing Company.
Leslie, A. M. (1987). Pretense and representation: The origins of "theory of mind". *Psychological Review, 94*, 412-426.
Levin, H. M. (1994). Multiple intelligence theory and everyday practices. *Teachers College Record, 95*(4), 571-575.
Lezak, M. D. (1983). *Neuropsychological assessment*. Oxford: Oxford University Press.
Lohman, D. F. (1979). *Spatial ability: A review and reanalysis of the correlational literature*. Stanford, CA: Aptitude Research Project, School of Education, Stanford University Technical Report No. 8.
Lohman, D. (1996). Spatial ability and *g*. In P. T. I. Dennis (Eds.), *Human abilities: Their nature and measurement* (pp. 97-116). New York: Wiley.
Lopes, P. N., Grewal, D., Kadis, J., Gall, M., & Salovey, P. (2006). Evidence that emotional intelligence is related to job performance and affect and attitudes at work. *Psicothema, 18*, 132-138.
Lourenço, O. (2002). *Psicologia de desenvolvimento cognitivo: Teoria, dados e implicações*. Coimbra: Almedina.
Lubinski, D. (2004). Introduction to the special section on cognitive abilities: 100 years after Spearman (1904) "General Intelligence", objectively determined and measured. *Journal of Personality and Social Psychology, 86*(1), 96-111.
Luria, A. R. (1966). *Higher cortical functions in man*. New York: Basic Books.
Luria, A. R. (1973). *El hombre con su mundo destrozado*. Madrid: Garnica.
Lynn, R. (1978). *Ethnic and racial differences in intelligence, international comparisons, human variation: The biopsychology of age, race, and sex*. New York: Academic Press.
Mackintosh, N. J. (1986). The biology of intelligence. *British Journal of Psychology, 77*, 1-18.
Mackintosh, N. J. (1998). *IQ and human intelligence*. Oxford: Oxford University Press.
Marchand, H. (2002). Em torno do pensamento pós-formal. *Análise Psicológica, XX*(2), 191-202.
Marinini, Z. (1984). *The development of social and psysical cognition in childhood and adolescence*. Doctoral Dissertation, Toronto: University of Toronto.
Márquez, P. G., Martín, R. P., & Brackett, M. A. (2006). Relational emotional intelligence to social competence and academic achievement in high school students. *Psicothema, 18*, 118-123.
Marrero, H., Gámez, E., Espino, O., & León, I. (1989). Alternativas al enfoque factorial en la investigación y medida de la inteligencia. In H. Marrero, G. Buela-Casal, F. Navarro, & L. Fernández (Eds.), *Inteligencia humana: Más allá de lo que miden los tests* (pp. 35-73). Barcelona: Labor.
Marshuetz, C. (2005). Order information in working memory: An integrative review of evidence from brain and behavior. *Psychological Bulletin, 13* (3), 323-339.
Matlin, M. (1989). *Cognition*. Orlando: Holt, Rinehart & Winston.

Matthews, G., & Zeidner, M. (2000). Emotional intelligence, adaptation to stressful encounters, and health outcomes. In R. Bar-On & J. D. A. Parker (Eds), *The handbook of emotional intelligence: Theory, development, assessment, and application at home, school, and in the workplace* (pp. 410-431). San Francisco: Jossey-Bass.

Matthews, G., Zeidner, M, & Roberts, R. D. (2003). *Emotional intelligence: Science and myth.* Cambridge: MIT Press.

Matthews, G., Zeidner, M, & Roberts, R. D. (2005). Emotional intelligence. An elusive ability? In O. Wilhelm & R. W. Engle (Eds.), *Handbook of understanding and measuring intelligence* (pp. 79-99). Thousand Oaks, CA: Sage Publications.

Mayer, J. D., Caruso, D. R., & Salovey, P. (1999). Emotional intelligence meets traditional standards for an intelligence. *Intelligence, 27*(4), 267-298.

Mayer, J. D., Caruso, D. R., & Salovey, P. (2000). Selecting a measure of emotional intelligence: The case of ability scales. In R. Bar-On & J. D. A. Parker (Eds.), *The handbook of emotional intelligence: Theory, development, assessment, and application at home, school, and in the workplace* (pp. 320-342). San Francisco: Jossey-Bass.

Mayer, J. D., & Salovey, P. (1993). The intelligence of emotional intelligence. *Intelligence, 17,* 433-442.

Mayer, J. D., & Salovey, P. (1997). What is emocional intelligence? In P. Salovey & D. Sluyter (Eds.), *Emotional development and emotional intelligence: Educational implications* (pp. 3-31). New York: Basic Books.

Mayer, J. D., Salovey, P., & Caruso, D. (2000a). Competing models of emocional intelligence. In R. J. Sternberg (Ed.), *Handbook of human intelligences* (pp. 396-421). New York: Cambridge University Press.

Mayer, J. D., Salovey, P., & Caruso, D. (2000b). Emocional intelligence as *zeitgeist*, as personality, and as mental ability. In R. Bar-On & J. D. A. Parker (Eds.), *The handbook of emocional intelligence: Theory, development, asssessment, and application at home, school, and in the workplace* (pp. 92-117). San Francisco: Jossey-Bass.

McGrew, K. S. (1997). Analysis of the major intelligence batteries according to a proposed comprehensive Gf-Gc framework. In D. P. Flanagan, J. L. Genshaft, & P. Harrison's (Eds.), *Contemporary intelligence assessment: Theories tests and issues* (pp. 151-179). New York: Guilford Press.

McGrew, K. S. (2005). The Cattell-Horn-Carroll theory of cognitive abilities: Past, present and future. In D. P. Flanagan, J. L. Genshaft, & P. L. Harrison (Eds.), *Contemporary intellectual assessment: Theories, tests and issues* (pp. 136-181). New York: Guilford.

McGrew, K. S., & Flanagan, D. P. (1998). *The intelligence test desk reference (ITDR): Gf-Gc cross-battery assessment.* Needham Heihts: Allyn & Bacon.

McGrew, K. S., Flanagan, D. P., Keith, T. Z., & Vanderwood, M. (1997). Beyond *g*: The impact of Gf-Gc specific cognitive abilities research on the future use and interpretation of intelligence tests in the schools. *School Psychology Review, 26,* 177189.

McGrew, K. S., & Woodcock, R. W. (2001). *Woodcock-Johnson III technical manual.* Itasca, IL: Riverside.

McKenna, F. P. (1984). Measures of field dependence: Cognitive styles or cognitive ability? *Journal of Sociology and Social Psychology, 47,* 593-603.

Meeker, M. N., Meeker, R., & Roid, G. H. (1985). *Structure-of-intellect learning abilities tests Manual.* Los Angeles: Western Psychological Services.

Messick, S. (1984). The nature of cognitive styles: Problems and promise in educational practice. *Educational Psychologist, 19*, 59-74.
Messick, S. (1992). Multiple intelligences or multilevel intelligence? Selective emphasis on distinctive properties of hierarchy: On Gardner's *Frames of Mind* and Sternberg's *Beyond IQ* in the context of theory and research on the structure of human abilities. *Journal of Psychological Inquiry, 1*(3), 305-384.
Messick, S. (1994). The matter of style: Manifestations of personality in cognition, learning and teaching. *Educational Psychologist, 29*, 121-136.
Mestre, J. M., Guil, R., Lopes, P. N., Salovey, P., & Gil-Olarte, P. (2006). Emotional intelligence and social and academic adaptation to school. *Psichotema, 18*, 112-117.
Mikolajczak, M., Luminet, O., & Menil, C. (2006). Predicting resistance to stress: Incremental validity of trait emotional intelligence over alexithymia and optimism. *Psicothema, 18*, 79-88.
Miller, A. (1987). Cognitive styles: An integrated model. *Educational Psychology, 7*, 251-268.
Miller, A. (1991). Personality types, learning styles and educational goals. *Educational Psychology, 11*, 217-238.
Miller E. K., & Cohen J. D. (2001). An integrative theory of prefrontal cortex function. *Annual Review of Neuroscience, 24*, 167-202.
Miller, L. T., & Vernon, P. A. (1992). The general factor in short-term memory, intelligence, and reaction time. *Intelligence, 16*, 5-29.
Mischel, W. (1968). *Personality and assessment*. New York: Wiley.
Mischel, W. (1973). Toward a cognitive social learning reconceptualization of personality. *Psychological Review, 80*, 252-283.
Modgil, S., & Modgil, C. (1982). *Jean Piaget: Consensus and controversy*. London: Praeger.
Morais, M. F. (1996). *Inteligência e treino cognitivo: Um desafio aos educadores*. Braga: Sistemas Humanos e Organizacionais.
Morra, S., Moizo, C., & Scopesi, A. (1988). Working memory (or the M operator) and the planning of children's drawings. *Journal of Experimental Child Psychology, 46*(1), 41-73.
Moss, F., & Hunt, T. (1927). Are you socially intelligent? – An analysis of the score of 7000 persons on the George Washington Social Intelligence Test. *Scientific American, 137*, 108-111.
Mugny, G., & Carugati, F. (1985). *L'intelligence au pluriel*. Cousset: Delval.
Mugny, G., & Doise, W. (1983a). Le marquage social dans le développement cognitif. *Cahiers de Psychologie Cognitive, 3*, 89-106.
Mugny, G., & Doise, W. (1983b). *La construcción social de la inteligencia*. Méjico: Trillas.
Mugny, G., Doise, W., & Perret-Clermont, A. N. (1976). Conflit de centrations et progrès cognitif. *Bulletin de Psychologie, 29*, 199-204.
Mugny, G., Giroud, J. C., & Doise, W. (1979). Conflit de centrations et progrès cognitif II: nouvelles illustrations expérimentales. *Bulletin de Psychologie, 32*, 979-985.
Mugny, G., & Pérez, J. A. (Eds.) (1991). *Psicología social del desarrollo cognitivo*. Madrid: Anthropos.
Murphy, N. A. (2007). Appearing smart: The impression management of intelligence, person perception accuracy, and behavior in social interaction. *Personality and Social Psychology Bulletin, 33*, 325-339.
Myers, I. B., & McCaulley, M. H. (1985). *Manual: A guide to the development and use of the Myers-Briggs Type Indicator*. Palo Alto, CA: Consulting Psychologists Press, Inc.

Naglieri, J. A., & Das, J. P. (2005). Planning, attention, simultaneous, sucessive (PASS) theory: A revision of the concept of intelligence. In D. P. Flanagan, J. L. Genshaft, & P. L. Harrison (Eds.), *Contemporary intellectual assessment: Theories, tests and issues* (pp. 120-135). New York: Guilford.

Neisser, U. (1967). *Cognitive psychology*. New York: Appleton – Century-Crofts.

Newell, A., Shaw, J. C., & Simon, H. A. (1958). Elements of a theory of human problem solving. *Psychological Review, 65*, 151-166.

Newell, A., & Simon, H. (1972). *Human problem solving*. Englewood Cliffs, New York: Prentice-Hall.

Oakland, T. (1999). Emerging testing and assessment practices with children and youth. In S. M. Wechsler & R. S. Guzzo (Eds.), *Avaliação psicológica: Perspectiva internacional*. São Paulo: Casa do Psicólogo.

Oakland, T., & Hu, S. (1993). International perspectives on tests used with children and youth. *Journal of School Psychology, 31*, 501-517.

Okagaki, L. (2001). Triarchic model of minority children's school achievement. *Educational Psychologist, 36*(1), 9-20.

O'Sullivan, M., Guilford, J. P., & deMille, R. (1965). The measurement of social intelligence. *Reports from the Psychological Laboratory, University of Southern California, No. 34*.

Paivio, A. (1971). *Imagery and verbal processes*. New York: Rinehat & Winston.

Páramo, M. F., Guisande, M. A., Tinajero, C., & Almeida, L. S. (2008). Aproximación a los estilos cognitivos. Líneas de trabajo actuales en el estudio de la dependencia-independencia de campo. In A. A. Candeias, L. S. Almeida, A. Roazzi, & R. Primi (Orgs.), *Inteligência humana: Definição e medida na confluência de múltiplas concepções* (pp. 209-253). Brasil: Casa do Psicólogo.

Pascual-Leone, J. (1963). Las relaciones entre la afectividad y la inteligencia según J. Piaget, expuestas desde una perspectiva organicista (Goldstein). *Revista de Psicología General y Aplicada, 18*, 1107-1127.

Pascual-Leone, J. (1970). A mathematical model for the transition rule in Piaget's development stages. *Acta Psychologica, 63*, 301-345.

Pascual-Leone, J. (1987). Organismic processes for Neo-Piagetian theories: A dialectical causal account of cognitive development. *International Journal of Psychology, 22*, 531-570.

Pascual-Leone, J. (1995). Learning and development as dialectical factors in cognitive growth. *Human Development, 38*, 338-348.

Pascual-Leone, J., & Johnson, J. (2005). A dialectical constructivist view of developmental intelligence. In O. Wilhelm & R. Engle (Eds.), *Handbook of understanding and measuring intelligence* (pp. 177-201). Thousand Oaks, Ca: Sage Publications.

Pask, G. (1976). Styles and strategies of learning. *British Journal of Educational Psychology, 46*, 128-148.

Paulhus, D. L. (2002). Socially desirable responding: The evolution of a construct. In H. Braun, D. N. Jackson, & D. E. Wiley (Eds.), *The role of constructs in psychological and educational measurement* (pp. 67-88). Hillsdale, NJ: Lawrence Erlbaum.

Pellegrino, J. W. (1985). Inductive reasoning ability. In R. J. Sternberg (Ed.), *Human abilities: An information-processing approach* (pp. 195-225). New York: W. H. Freeman.

Pellegrino, J. W., & Kail, R. (1982). Process analysis of spatial aptitude. In R. J. Sternberg (Ed.), *Advances in the psychology of human intelligence* (Vol. 1, pp. 311-365). Hillsdale, NJ: Lawrence Erlbaum.

Pérez, N. P., & Castejón, J. L. (2007). Relación entre inteligencia emocional y cociente intelectual. In A. A. Candeias & L. S. Almeida (Coords.), *Inteligência Humana* (Vol. 1, pp. 407-420). Coimbra: Quarteto.
Perret-Clermont, A. N. (1984). *La construcción social de la inteligencia en la interacción social.* Madrid: Visor. (Trabajo original publicado en francés en 1979).
Perry, W. G. (1999). *Forms of intellectual and ethical development in the college years: A scheme* (3rd ed.). San Francisco: Jossey-Bass.
Petrides, H. V., & Furnham, A. (2003). Trait emotional intelligence: Behavioral validation in two studies of emotional recognition and reactivity to mood induction. *European Journal of Personality, 17,* 39-57.
Piaget, J. (1941). *Les mécanismes du développment mental et les lois du groupement des opérations. Esquisse d'une théorie opératoire de l'intelligence.* Genéve: Naville.
Piaget, J. (1943). *La psychologie de l'intelligence.* Paris: Collin.
Piaget, J. (1961). *On the development of memory and identity.* Worcester, MA: Clark University Press.
Piaget, J. (1972). Intellectual development from adolescence to adulthood. *Human Development, 15,* 1-12.
Piaget, J. (1973). *Seis estudos de psicologia.* Lisboa: D. Quixote.
Piaget, J. (1983). Piaget's theory. In P. Mussen (Ed.), *The handbook of child psychology, Vol. I: History, theory and methods* (pp. 703-732). New York: Wiley.
Piaget, J., & García, R. (1987). *Vers une logique de la signification.* Genéve: Murionde.
Piaget, J., & Inhelder, B. (1979). *A psicologia da criança: Do nascimento à adolescência.* Lisboa: Moraes Editores.
Piaget, J., & Inhelder, B. (1997). *A psicologia da criança* (3ªedição). Lisboa: Asa.
Pinto, H. R. (1992). *A Bateria de Testes de Aptidões GATB: Utilização em contexto educativo.* Dissertação de doutoramento à Universidade de Lisboa. Lisboa: Faculdade de Psicologia e de Ciências da Educação.
Pinto, H. R. (1997). A Bateria de Testes de Aptidões GATB: Questões de dimensionalidade da versão norte-americana e da adaptação portuguesa. *Psychologica, 17,* 63-73.
Pret, J., Naples, A., & Sternberg, R. (2003). Recognizing, defining and representing problems. In J. E. Davidson & R. J. Sternberg (Eds.), *The Psychology of problem solving* (pp. 3-30). Cambridge: Cambridge University Press.
Prieto, M. D., & Ballester, P. (2003). *Las inteligencias múltiples. Diferentes formas de enseñar y aprender.* Madrid: Pirámide.
Primi, R. (1995) *Inteligência, processamento de informação e teoria da gestalt: um estudo experimental.* Dissertação de Mestrado. Campinas: Pontifícia Universidade Católica de Campinas.
Primi, R. (1998). *Desenvolvimento de um instrumento informatizado para avaliação do raciocínio analítico.* Tese de Doutorado. São Paulo: Instituto de Psicologia, Universidade de São Paulo.
Primi, R. (2002). Complexity of geometric inductive reasoning tasks: Contribution to the understanding of the fluid intelligence. *Intelligence, 30*(1), 41-70.
Primi, R., & Almeida, L. S. (2001). Teoria da resposta ao item (TRI). In E. M. Fernandes & L. S. Almeida (Eds.), *Métodos e técnicas de avaliação: Contributos para a prática e investigação psicológicas.* Braga: Universidade do Minho, Centro de Estudos em Educação e Psicologia.

Queirós, M. M., Fernández-Berrocal, P., Extremera, N., Carral, J. M. C., & Queirós, P. S. (2005). Validação e fiabilidade da versão portuguesa modificada da *Trait Meta-Mood Scale*. *Revista de Psicologia, Educação e Cultura, 9*(1), 199-216.

Quiroga, M. A. (1999). Diferencias individuales en la interacción cognición-emoción: los estilos cognitivos. In J. Sánchez-Cánovas & M. P. Sánchez-López (Eds.), *Psicología de la diversidad humana* (pp. 315-363). Madrid: Centro de Estudios Ramón Areces.

Reed, S. K. (1992). *Cognition: Theory and applications*. California: Brooks/Cole Publishing Company.

Reitman, J. S. (1976). Skilled perception in go: Deducing memory structures from inter-response times. *Cognitive Psychology, 8,* 336-356.

Resnick, L. B. (1976). *The nature of intelligence*. Hillsdale, NJ: Erlbaum.

Ribeiro, I. (1998). *Mudanças no desempenho e na estrutura das aptições: Contributos para o estudo da diferenciação cognitiva em jovens*. Tese de doutoramento. Braga: Universidade do Minho.

Ribeiro, I. S., & Almeida, L. S. (2005). Velocidade de processamento da informação na definição e avaliação da inteligência. *Psicologia: Teoria e Pesquisa, 21*(1), 1-5.

Richards, J. A., & Commons, M. L. (1984). Systematic, metasystematic, and cross-paradigmatic reasoning: A case for stages of reasoning beyond formal operations. In M. L. Commons, F. A. Richards, & C. Armon (Eds.), *Beyond formal operations: Late adolescent and adult cognitive development* (pp. 92-120). New York: Praeger.

Richardson, K. (1991). *Understanding intelligence*. Philadelphia: Open University Press.

Richardson, K. (2002). What IQ tests. *Theory & Psychology, 12*(3), 283-314.

Richardson, K., & Bynner, J. M. (1984). Intelligence: Past and future. *International Journal of Psychology, 19,* 499-526.

Riding, R. J., & Cheema, I. (1991). Cognitive styles- An overview and integration. *Educational Psychology, 11,* 193-215.

Riding, R. J., & Rayner, S. (1999). *Cognitive styles and learning strategies: Understanding style differences in learning and behaviour*. London: David Fulton Publisher.

Riegel, K. F. (1976). The dialectics of human development. *American Psychologist, 31,* 146-158.

Riggio, R. E., Messamer, J., & Throckmorton, B. (1991). Social and academic intelligence: Conceptually distinct but overlapping constructs. *Personality and Individual Differences, 12,* 695-702.

Rindermann, H., & Neubauer, A. C. (2001). The influence of personality on three aspects of cognitive performance: Processing speed, intelligence and school performance. *Personality and Individual Differences, 30,* 829842.

Roberts, R. D., Zeidner, M., & Matthews, G. (2001). Does emotional intelligence meet traditional standards for an intelligence? Some new data and conclusions. *Emotion, 1,* 196231.

Rogoff, B. (2003). *The cultural nature of human development*. New York: Oxford University Press.

Roid, G. H., & Pomplum, M. (2005). Interpreting the Stanford-Binet intelligence scales, fifth edition. In D. P. Flanagan, J. L. Genshaft, & P. L. Harrison (Eds.), *Contemporary intellectual assessment: Theories, tests and issues* (pp. 325-343). New York: Guilford.

Rose, T., & Colombo, M. (2005). Neural correlates of executive control in the avian brain. *PLoS Biology, 3*(6), 1139-1146.

Rotter, J. B. (1954). *Social learning and clinical psychology.* Englewood Cliffs, NJ: Prentice-Hall.

Rotter, J. B. (1966). Generalized expectancies for internal versus external control of reinforcement. *Psychological Monographs, 80*(1, Todo o Nº 609).

Ruiz-Aranda, D., Fernández-Berrocal, P., González-Ordi, H., Miguel-Tobal, J. J., & Salguero-Noguera, J. M. (2007). Emotional intelligence and acute stress. In A. A. Candeias & L. S. Almeida (Coords.), *Inteligência Humana* (Vol. 1, pp. 383-392). Coimbra: Quarteto.

Rypma, B., Berger, J. S., & D'Esposito, M. (2002). The influence of working memory demand and subject performance on prefrontal cortical activity. *Journal of Cognitive Neuroscience, 14*(5), 721-731.

Salovey, P., Mayer, J. D., Goldman, S. L., Turvey, C., & Palfai, T. P. (1995). Emotional attention, clarity, and repair: Exploring emotional intelligence using the Trait Meta-Mood Scale. In J. W. Pennebaker (Ed.), *Emotion, disclosure, and health* (pp. 125-154). Washington, DC: American Psychological Association.

Sánchez-Cánovas, J., & Sánchez-López, M. P. (1999). *Psicología de la diversidad humana.* Madrid: Centro de Estudios Ramón Areces.

Scarr, S. (1985). An autor's frame of mind: Review of Frames of Mind by Howard Gardner. *New Ideas in Psychology, 3*(1), 95-100.

Scarr, S. (1989). Protecting general intelligence: Constructs and consequences for interventions. In R. L. Lynn (Ed.), *Intelligence: Measurement, theory, and public policy* (pp. 74-118). Urbana: University of Illinois Press.

Schank, R. C., & Abelson, R. (1977). *Scripts, plans, goals, and understanding.* Hillsdale, NJ: Lawrence Erlbaum.

Schrank, F. A. (2005). Woodcock-Johnson III tests of cognitive abilities. In D. P. Flanagan, J. L. Genshaft, & P. L. Harrison (Eds.), *Contemporary intellectual assessment: Theories, tests and issues* (pp. 371-401). New York: Guilford.

Schulze, D., Beauducel, A., & Brocke, B. (2005). Semantically meaningful and abstract figural reasoning in the context of fluid and crystallized intelligence. *Intelligence, 33,* 143-159.

Schutte, N., Mallouff, J., Hall, L., Haggerty, D., Cooper, J., Golden, C., & Dornheim, L. (1998). Development and validation of a measure of emotional intelligence. *Personality and Individual Differences, 25,* 165-177.

Shallice, T., & Burgess, P. W. (1991). Higher-order cognitive impairments and frontal lobe lesions in man. In H. S. Levin, H. M. Eisenberg, & A. L. Benton (Eds.), *Frontal lobe function and dysfunction* (pp. 125-138). New York: Oxford University Press.

Siegler, R. S. (1981). Developmental sequences within and between concepts. *Monographs of the Society for Research in Child Development, 46*(189), 1-74.

Siegler, R. S. (1995). Children's thinking: How does change occur? In F. E. Weinert & W. Schneider (Eds.), *Memory performance and competencies. Issues in growth and development* (pp. 405-430). Mahwah, NJ: Lawrence Erlbaum.

Siegler, R. S. (2002). Development of rules and strategies: Balancing the old and the new. *Journal of Experimental Child Psychology, 81,* 446-457.

Silva, J. F. (1982). *Estudos de psicologia.* Coimbra: Livraria Almedina.

Smedslung, J. (1961). The aquisition of conservation of substance and weight in children. V: Practice in conflict situations without external reinforcement. *Scandinavian Journal of Psychology, 2,* 153-155.

Solso, R. L. (1998). *Cognitive psychology.* Boston: Alyn & Bacon.

Spearman, C. (1904). "General Intelligence" objectively determined and measured. *American Journal of Psychology, 15,* 201-293.

Spearman, C. (1927). *The abilities of man: Their nature and measurement.* New York: Macmillan.

Spivack, G., Platt, J., & Shure, M. (1976). *The problem-solving approach to adjustment.* San Francisco: Jossey-Bass.

Stein, J. F. (1982). *Introduction to neurophysiology.* Oxford: Blackwell.

Stern, W. (1912). *Psychologische methoden der intelligenzprüfung.* Leipzig: Barth.

Sternberg, S. (1966). High-speed scanning in human memory. *Science, 153,* 652-654.

Sternberg, S. (1969). Memory-scanning: Mental processes revealed by reaction-time experiments. *American Scientist, 4,* 431-457.

Sternberg, R. J. (1977a). A component process in analogical reasoning. *Psychological Review, 84*(4), 353-378.

Sternberg, R. J. (1977b). *Intelligence, information processing, and analogical reasoning: The componential analysis of human abilities.* Hillsdale: Lawrence Erlbaum.

Sternberg, R. J. (1979). The nature of human abilities. *American Psychologist, 34*(3), 214-230.

Sternberg, R. J. (1984). Toward a triarchic theory of human intelligence. *Behavioral Brain Sciences, 7,* 269-315.

Sternberg, R. J. (1985). *Beyond IQ: A triarchic theory of human intelligence.* Cambridge, MA: Cambridge University Press.

Sternberg, R. J. (1986). The future of intelligence testing and training. *Educational Measurement: Issues and Practice, 5,* 19-22.

Sternberg, R. J. (1990). *Metaphors of mind: Conceptions of the nature of intelligence.* New York: Cambridge University Press.

Sternberg, R. J. (1991a). Theory-based testing of intellectual abilities: Rationale for the triarchic abilities test. In H. A. H. Rowe (Ed.), *Intelligence: Reconceptualization and measurement* (pp. 183-202). Hillsdale, NJ: Lawrence Erlbaum.

Sternberg, R. J. (1991b). *Pratical intelligence for school.* New Haven: Yale University.

Sternberg, R. J. (1994). Human intelligence: Its nature, use, and interaction with context. In D. K. Detterman (Ed.), *Current topics in human intelligence* (Vol. 4, pp. 361-407). Norwood, NJ: Ablex.

Sternberg, R. J. (1996). *Successful intelligence: How practical and creative intelligence determine success in life.* New York: Simon & Shuster.

Sternberg, R. J. (1997a). The concept of intelligence and its role in lifelong learning and success. *American Psychologist, 52*(10), 1030-1037.

Sternberg, R. J. (1997b). Educating intelligence: Infusing the Triarchic Theory into school instruction. In R. J. Sternberg & E. L. Gregorenko (Eds.), *Intelligence, heredity, and environment* (pp. 343-362). New York: Cambridge University Press.

Sternberg, R. J. (1997c). Intelligence and lifelong learning: What's new and how can we use it? *American Psychologist, 52*(2), 1030-1037.

Sternberg, R. J. (1997d). The triarchic theory of intelligence. In D. P. Flanagan, J. L. Genshaft, & P. L. Harrison (Eds.), *Contemporary intellectual assessment: Theories, tests, and issues* (pp. 92-104). New York: The Guilford Press.

Sternberg, R. J. (1998a). Cognitive theory and psychometrics. In R. K. Hambleton & J. N. Zaal (Eds.), *Advances in educational and psychological testing* (pp. 367-393). Boston, MA: Kluwer Academic Publishers.

Sternberg, R. J. (1998b). A balance theory of wisdom. *Review of General Psychology, 2*, 347-365.

Sternberg, R. J. (1999a). A propulsion model of types of creative contributions. *Review of General Psychology, 3*, 83-100.

Sternberg, R. J. (1999b). Intelligence as developing expertise. *Contemporary Educational Psychology, 24*, 359-375.

Sternberg, R. J. (2000a). The concept of intelligence. In R. J. Sternberg (Ed.), *Handbook of intelligence* (pp. 3-15). Cambridge: Cambridge University Press.

Sternberg, R. J. (2000b). Cross-disciplinary verification of theories: The case of the Triarchic Theory. *History of Psychology, 3*(2), 177-179.

Sternberg, R. J. (2000c). Successful intelligence: A unified view of giftedness. In V. Lieshout, F. M. Cornelis, & P. G. Heymans (Eds.), *Developing talent across the lifespan* (pp. 43-65). New York: Psychology Press.

Sternberg, R. J. (2003a). Driven to despair: Why we need to redefine the concept and measurement of intelligence. In L. G. Aspinwall & U. M. Standinger (Eds.), *A psychology of human strengths: Fundamental questions and future directions for positive psychology* (pp. 319-329). Washington, DC: American Psychology Association.

Sternberg, R. J. (2003b). *Wisdom, intelligence, and creativity synthesized.* New York: Cambridge University Press.

Sternberg, R. J. (2004). The CAPS model: Assessing psychology performance using the theory of successful intelligence. In D. S. Dunn & C. M. Mehrotra (Eds.), *Measuring up: Educational assessment challenges and practices for psychology* (pp. 111-124). Washington, DC: American Psychological Association.

Sternberg, R. J. (2005). *Inteligência de sucesso: Como a inteligência prática e criativa são determinantes para uma vida de sucesso.* Lisboa: Ésquilo.

Sternberg, R. J., & Detterman D. K. (1986). *What is intelligence? Contemporary viewpoints on its nature and definition.* New York: Ablex Publishing.

Sternberg, R. J., & Gardner, M. K. (1983). Unities in inductive reasoning. *Journal of Experimental Psychology: General, 112*, 80-116.

Sternberg, R. J., & Grigorenko, E. L. (1997). Are cognitive styles still in style? *American Psychologist, 52*, 700-712.

Sternberg, R. J., & Grigorenko, E. L. (2003). *Evaluación dinámica.* Barcelona: Paidós.

Sternberg, R. J., & Grigorenko, E. L. (2004). Successful intelligence in the classroom. *Theory into Practice, 43*(4), 274-280.

Sternberg, R. J., & Grigorenko, E. L. (2006). Teaching for successful intelligence: Principles, procedures and practices. In M. Constas & R. J. Sternberg (Eds.), *Translating educational theory and research into practice.* Mahwah, NJ: Lawrence Erlbaum.

Sternberg, R. J., Grigorenko, E. L., & Jarvin, L. (2001). Improving reading instructions: The Triarchic Model. *Educational Leadership, March*, 48-51.

Sternberg, R. J., & Horvath, J. A. (1999). *Tacit knowledge in professional practice: Researcher and practitioner perspectives.* Mahwah, NJ: Lawrence Erlbaum.
Sternberg, R. J., & Lubart, T. I. (1991a). Creating creative minds. *Phi Delta Kappan, 8,* 608-614.
Sternberg, R. J., & Lubart, T. I. (1991b). An investment theory of creativity and its development. *Human Development, 34*(1), 1-31.
Sternberg, R. J., & Powell, J. S. (1982). Theories of intelligence. In R. J. Sternberg (Ed.), *Handbook of human intelligence* (pp. 975-1005). Cambridge, MA: Cambridge University Press.
Sternberg, R. J., & Prieto, M. D. (1997). Evaluación de las habilidades de la inteligencia: Teoria triárquica de la inteligencia. In G. Buela-Casal & J. C. Sierra (Eds.), *Manual de evaluación psicológica: Fundamentos, técnicas y aplicaciones* (pp. 589-608). Madrid: Siglo XXI.
Sternberg, R. J., & Rifkin, B. (1979). The development of analogical reasoning processes. *Journal of Experimental Child Psychology, 27,*195-232.
Sternberg, R. J., & The Rainbow Project Collaborators (2006). The Rainbow Project: Enhancing the SAT through assessment of analytical, practical, and creative skills. *Intelligence, 34*(4), 321-350.
Stewart, L., & Pascual-Leone, J. (1992). Mental capacity constraints and the development of moral reasoning. *Journal of Experimental Child Psychology, 54,* 251-287.
Stough, C., & Nettelbeck, T. (1989). Inspection time and IQ. *The Psychologist, 45,* 374-385.
Taksic, V. (2000). *Convergent and divergent validity of the emotional skills and competence questionnaire.* Paper presented at the XII Days of Psychology, Zadar, Croatia.
Thatcher, R. W., North, D., & Biver, C.(2005). EEG and intelligence: Relations between EEG coherence, EEG phase delay and power. *Clinical Neurophysiology, 116*(9), 2129-2141.
Thorndike, E. L. (1920). Intelligence and its use. *Harper's Magazine, 140,* 227-235.
Thorndike, E. L. (1921). Intelligence and its measurement: A symposium. *The Journal of Educational Psychology, 22,* 124-127.
Thurstone, L. L. (1931). Multiple factor analysis. *Psychological Review, 38,* 406-427.
Thurstone, L. L. (1938). *Primary mental abilities.* Chicago: University of Chicago Press.
Thurstone, L. L., & Thurstone, T. G. (1941). *Factor studies of intelligence.* Chicago: University of Chicago Press.
Tigner, R. B., & Tigner, S. S. (2000). Triarchic theories of intelligence: Aristotle and Sternberg. *History of Psychology, 3*(2), 168-176.
Tinajero, C., & Páramo, M. F. (1997). Field dependence-independence and academic achievement: A re-examination of their relationship. *The British Journal of Educational Psychology, 67,* 199-212.
Tirapu-Ustárroz, J., & Muñoz-Céspedes, J. M. (2005). Memoria y fuciones ejecutivas. *Revista de Neurología, 41*(8), 475-484.
Toga, A. W., & Thompson, P. M. (2005). Genetics of brain structure and intelligence. *Annual Review of Neuroscience, 28,* 123.
Torff, B., & Gardner, H. (1999). The vertical mind: The case for multiple intelligences. In M. Anderson (Ed.), *The development of intelligence* (pp. 139-159). UK: Psychology Press.
Trinidad, D. R., & Johnson, C. A. (2002). The association between emotional intelligence and early adolescent tobacco and alcohol use. *Personality and Individual Differences, 32*(1), 95-105.

Tsai, M., & Tsai, C. (2003). Students computer achievement, attitude, and anxiety: The role of learning strategies. *Journal of Educational Computing Research, 28*(1), 47-61.
Tuddenham, R. D. (1962). Constancy of personal morale over a fifteen year interval. *Child Development, 33*, 663-673.
Tudge, J. (2004). Practice and discourse as the intersection of individual and social in human development. In A. N. Perret-Clermont, C. Pontecorvo, L. B. Resnick, T, Zittoun, & B. Burge (Eds.), *Joining society: Social interactions and learning in adolescence and youth* (pp. 193-202). New York: Cambridge University Press.
Tusing, M. B., & Ford, L. (2004). Examining preschool cognitive abilities using a CHC framework. *International Journal of Testing, 4*(2), 91-114.
Tyler, L. E. (1981). *Individuality: Human possibilities and personal choice in the psychological development of men and women.* San Francisco, CA: Jossey-Bass.
Unsworth, N., & Engle, R. N. (2005). Working memory capacity and fluid abilities: Examining the correlations between operation span and Raven. *Intelligence, 33*, 67-81.
Valsiner, J. (1984). Conceptualizing intelligence: From an internal static attribution to the study of the process structure of organism-environment relationships. *International Journal of Psychology, 19*, 363-389.
Velasco, C., Fernández, I., Páez, D., & Campos, M. (2006). Perceived emotional intelligence, alexithymia, coping and emotional regulation. *Psicothema, 18*, 89-94.
Vernon, P. A. (1987). *Speed of information processing and intelligence.* Norwod, NJ: Ablex.
Vernon, P. A., & Kantor, L. (1986). Reaction time correlations with intelligence test scores obtained under either timed or untimed conditions. *Intelligence, 10*, 315-330.
Vernon, P. E. (1933). Some characteristics of the good judge of personality. *Journal of Social Psychology, 4*, 42-57.
Vernon, P. E. (1961). *The structure of human abilities* (2ª ed.). London: Methuen.
Vernon, P. E. (1965). Ability factors and environmental influences. *American Psychologist, 20*, 723-733.
Vernon, P. E. (1969). *Intelligence and cultural environment.* London: Methuen.
Vygotsky, L. S. (1978). *Mind and society: The development of higher psychological processes.* Cambridge, MA: Harvard University Press.
Vygotsky, L. S. (1981). The instrumental method in psychology. In J. V. Wertsch (Ed. e Trad.), *The concept of activity in Soviet psychology* (pp. 134-143). Armonk, NY: M.E. Sharpe Inc.
Vygotsky, L. S. (1991). *Pensamento e linguagem.* São Paulo: M. Fontes.
Vygotsky, L. S. (2007). *Pensamento e linguagem.* Lisboa: Relógio d'Água Editores.
Wagner, R. K., & Sternberg, R. J. (1985). Practical intelligence in real-world pursuits: The role of tacit knowledge. *Journal of Personality and Social Psychology, 49*, 436-458.
Walters, J. M., & Gardner, H. (1986). The theory of multiple intelligences: Some issues and answers. In R. J. Sternberg & R. K. Wagner (Eds.), *Practical intelligence: Nature and origins of competence in the everyday world* (pp. 163-182). Cambridge: Cambridge University Press.
Waltz, J. A., Knowlton, B. J., Hoyoak, K. J., Boone, K. B., Mishkin, F. S., de Menedezes Santos, M., Thomas, C. R., & Miller, B. L. (1999). A system for relational reasoning in human prefrontal cortex. *Psychological Science, 10*, 119125.
Waterhouse, L. (2006). Multiple intelligences, the Mozart Effect, and emotional intelligence: A critical review. *Educational Psychologist, 41*(4), 207-225.

Wechsler, D. (1939). *The measurement of adult intelligence*. Baltimore, MD: Williams & Wilkins.
Wechsler, D. (1958). *The measurement and appraisal of adult intelligence (third edition)*. Baltimore, MD: Williams & Wilkins.
Wechsler, S. M. (2001). Avaliação das múltiplas inteligências: Desafios para os psicólogos no novo milénio. *Revista Ibero-Americana de Diagnóstico y Evaluación Psicológica, 12*(2), 137-147.
Weinstein, C. E., & Mayer, R. E. (1985). The teaching of learning strategies. In M. Wittrock (Org.), *Handbook of research on teaching* (pp. 315-327). New York: Macmillan.
Wilhelm, O., & Engle, R. W. (2005). Intelligence: A diva and a workhorse. In O. Wilhelm & R.W. Engle (Eds.), *Handbook of understanding and measuring intelligence* (pp. 1-10). Thousand Oaks, CA: Sage.
Williams, W. M., Blythe, T., White, N., Li, J., Sternberg, R. J., & Gardner, H. (1996). *Practical intelligence for school: A handbook for teachers of grades 5-8*. New York: Harper-Collins.
Witkin, H. A., Moore, C. A., Goodenough, D. R., & Cox, P. W. (1977). Field dependent and field independent cognitive styles and their educational implications. *Review of Educational Research, 47*, 1-64.
Witkin, H. A., Oltman, P. K., Raskin, E., & Karp, S. A. (1971). *A manual for the Embedded Figures Tests*. Palo Alto: Consulting Psychologists Press.
Wong, C. M., Day, J., Maxwell, S., & Meara, N. (1995). A multitrait-multimethod study of academic and social intelligence in college students. *Journal of Educational Psychology, 1*, 117-133.
World Health Organization. (2007). *International statistical classification of diseases and related health problems (10th Revision)* ICD. Geneve: WHO. Acedido a 22 de Março de 2008, em http://www.who.int/classifications/apps/icd/icd10online/
Yeates, K. O., & Selman, R. L. (1989). Social competence in the schools: Toward an integrative developmental model for intervention. *Developmental Review, 9*, 64-100.
Zeidner, M., Mathews, G., Roberts, R., & MacCann, C. (2003). Development of emotional intelligence: Towards a multi-level investment model. *Human Development, 46*, 69-96.
Zhang, L. F. (2004). Field-dependence/independence: Cognitive style or perceptual ability? -validating against thinking styles and academic achievement. *Personality and Individual Differences, 37*, 1295-1311.
Zhang, L. F., & Sternberg, R. J. (2005). A Threefold Model of Intellectual Styles. *Educational Psychology Review, 17*, 1-53.
Zhang, L. F., & Sternberg, R. J. (2006). *The nature of intellectual styles*. Mahwah, NJ: Lawrence Erlbaum.
Zhang, W., Simos, P. G., Ishibashi, H., Wheless, J. W., Castillo, E. M., Breier, J. I., Baumgartner, J. E., Fitzgerald, M. E., & Papanicolaou, A. C. (2003). Neuroimaging features of Epidermal Nevus Syndrome. *American Journal Neuroradiology, 24*, 1468-1470.
Zhu, J., & Weiss, L. (2005). The Wechsler scales. In D. P. Flanagan, J. L. Genshaft, & P. L. Harrison (Eds.), *Contemporary intellectual assessment: Theories, tests and issues* (pp. 297-324). New York: Guilford.

ÍNDICE TEMÁTICO

A
Abordagem cognitivista, 9, 77, 87
Abordagem componencial, 94
Abordagem desenvolvimental, 9, 44
Abordagem psicométrica, 9, 11, 32, 40, 41, 43, 96, 142, 155, 156
Abordagem sócio-cognitiva, 58, 66, 123
Abordagens multifactoriais, 18
Acomodação (Piaget), 45
Actividade reflexa, 48
Adaptação (Piaget), 44, 45
Aprendizagem mediatizada, 57
Aptidão Espacial (S), 17, 22, 23, 28, 39, 96, 106, 134
Aptidão Numérica (N), 22, 23, 38
Aptidão Raciocínio (R), 16, 20-24, 32, 72, 91
Aptidões cognitivas, mentais, 7, 18, 37, 91, 92, 103, 114, 125, 155
Aptidões visuo-espaciais, 36, 89, 93, 94
Armazenamento e recuperação a longo prazo (glr), 30, 33, 36, 40
Assimilação (Piaget), 45, 50, 59
Atenção selectiva, 36, 80, 81, 89, 145
Avaliação dinâmica, 57

B
Bases neurológicas, 7, 20, 78, 86, 121, 158

C
Campo, nível de activação, 36, 38, 60, 65, 66, 83
Capacidade de conservação, 46, 50
Capacidade de evocação e de fluência (gr), 29
Capacidade de visualização, aptidão visual, 29, 30, 33, 39, 40, 91
Capacidade mental (M), 58, 61
Codificação selectiva, 36, 145, 146
Cognição epistémica, 73
Cognição social, 128
Cognitive Assessment System (CAS), 89
Combinação selectiva, 145, 146
Comparação selectiva, 145. 146
Compensação (mecanismo de), 50
Competências, aptidões emocionais, 114, 118-120, 152
Competências, aptidões sociais, 109, 114, 115, 117, 123, 125, 128, 129, 152
Componente de automatização, 143, 146--148, 150
Componente de insight ou novidade, 143, 146-148, 152
Componentes cognitivos, 94, 96-99
Componentes de conhecimento-aquisição, 143, 145, 146
Componentes de realização, desempenho, 144
Componentes sociais, 98, 114
Compreensão verbal (V), 22, 28, 90, 105
Conceito de objecto, 48, 49
Configuração (ou modelação), 141, 143, 147, 150
Conflito cognitivo, sócio-cognitivo, 54, 66-68, 75
Conhecimento declarativo, 127
Conhecimento procedimental, 127
Conhecimento quantitativo (gq), 30, 32, 35
Conhecimento social, 123, 129
Consciência social, 128
Construtivismo, 66, 67, 68, 75
Correlatos cognitivos, 85, 90, 93, 94
Correlatos fisiológicos, 78

Cortex Frontal, 63, 80, 81, 83, 84, 88, 89
Criatividade, 26, 33, 82, 109, 112, 148, 149

D
D48, 20
Décalage horizontal, 51
Décalage vertical, 51
Dependência-independência de campo, 100, 101, 106
Desenvolvimento moral, 126
Differential Aptitudes Tests (DAT), 24

E
Eficiência neurológica, 20
Electroencefalograma (EEG), 79
Emotional Competence Inventory, 118
Emotional Quotient Inventory, 118
Emotional Skills and Competences Questionnaire, 113
Empatia, 117, 128
Encoding, 95
Energia mental, 19, 20
Equilibração, 44, 45, 51, 54, 60, 68
Escala de Inteligência Binet-Simon, 13
Escalas de avaliação do desenvolvimento cognitivo, 52
Escalas de inteligência de Wechsler, 15, 16
Esquemas, 43, 48, 58-61, 65, 75, 87, 151
Estádio (conceito de), 44-46
Estádio formal, 50, 52, 53
Estádio operatório, 46, 50
Estádio pós-formal, 71
Estádio pré-operatório, 46, 49
Estádio sensório-motor, 46, 47, 65
Estilos cognitivos, 97, 99-101, 104, 106

F
Factor específico, 19
Factor g, 8, 11, 18-22, 28, 30, 32, 35, 40, 41, 91, 92, 104-106, 142
Factores cognitivos de 1ª, 2ª ou 3ª ordem, 20, 28-32, 34
Fluência verbal (W), 22

G
General Aptitude Test Battery (GATB), 24
Gestão das emoções, 83, 109, 113

H
Harvard Project Zero, 137

I
Idade cronológica, 14
Idade de base, 13
Idade mental (IM), 12-14
Inteligência abstracta, 122
Inteligência artificial, 85, 87
Inteligência biológica, fisiológica, 8, 84
Inteligência corporal-quinestésica, 133, 134, 140
Inteligência cristalizada (gc), 28-32, 35, 83, 84, 91, 92
Inteligência emocional, 42, 83, 110-121, 128, 151
Inteligência espiritual, 136, 137
Inteligência existencial, 136
Inteligência fluida (gf), 28, 29, 31, 32, 34,- 36, 41, 81-84, 91, 92, 158.
Inteligência interpessoal, 135, 136
Inteligência intrapessoal, 114, 133, 135, 140
Inteligência linguística, 134
Inteligência lógico-matemática, 133, 135
Inteligência musical, 132, 133
Inteligência naturalista, 136
Inteligência prática, funcional, 47, 121, 122, 138, 142, 149
Inteligência psicométrica, 8
Inteligência social, 8, 42, 83, 114, 121-130, 151
Inteligência sócio-emocional, 83, 114, 115

K
Kaufman Assessment Battery, 92

L
Lei de Wick, 38

M
Marquage social, 55, 66, 68
Matrizes Progressivas de Raven, 20, 35
Maturação do sistema nervoso, 45
Mayer-Salovey-Caruso Emotional Intelligence Tests (MSCEIT), 113, 120

Memória a curto prazo (Gsm), 26, 30, 35, 61, 66, 86
Memória de trabalho (MT), 33, 35, 37, 65, 66, 81, 82, 86, 92
Metacomponentes, 9, 98, 107, 143-146
Método clínico, 45, 52
Método de avaliação de regras, 69
Modelo CAPS, 149
Modelo Cattell-Horn-Carroll (CHC), 12, 32, 40, 41, 156
Modelo das habilidades cognitivas, 111
Modelo de Bar-On, 115
Modelo de competência emocional de Goleman, 116
Modelo de desenvolvimento das competências emocionais, 119
Modelo do processamento cognitivo PASS, 87
Modelo estrutural-processual, 64
Modelo Triádico dos estilos intelectuais, 103
Modelo WICS, 142
Multidimensional Aptitude Battery, 93
Multifactor Emotional Inteligence Scale, 113

N
Neopiagetianos, 44, 54, 71, 72, 75

O
Operações cognitivas, 25, 81
Operações dialécticas, 71, 72
Operadores ocultos (hidden operators), 58-63, 75
Operatório concreto, 46, 50
Operatório formal, 46, 50

P
Pensamento convergente-divergente, 25, 26, 101, 102
Pensamento egocêntrico, 46, 50
Pensamento global-serial, 101, 102
Pensamento intuitivo, 49
Pensamento lógico e abstracto, 46, 47
Pensamento pós-formal, 71, 72
Pensamento pré-conceptual, 49

Pensamento pré-reflexivo, 73
Pensamento proposicional, 51, 70
Pensamento quasi-reflexivo, 73
Pensamento reflexivo, 73, 126
Pensamento transdutivo, 49
Permanência do objecto, 46, 48, 49, 52
Pós-Piagetianos, 54, 71, 75
Potenciais evocados, 8, 79
Primary Mental Abilities (PMA), 24
Processamento auditivo (ga), 30, 33, 38, 41
Processamento simultâneo, 88, 89
Processamento sucessivo, 89
Processo auto-regulatório das emoções, 119
Programa Key School, 137
Projecto Spectrum, 137
Projecto Practical Intelligence for School, 137, 138
Projecto Rainbow, 149, 150
Psicologia social genética, 54, 55

Q
QI de desvio, 14
QI de razão, 14
QI de realização, 15
QI global, 15
QI verbal, 15
Questionário de Competências Emocionais, 118
Quociente de inteligência (QI), 14, 15, 110
Quociente emocional (QE), 110
Quociente unitário de capacidade, 13

R
Reacções circulares, 48, 49
Reflexividade-impulsividade, 101, 102
Reflexos primários, 45, 47, 48, 69
Representação visual (imagery), 85, 86
Ressonância magnética, 79

S
Schutte Self Report Inventory, 113
Sistema hipercognitivo, 70
Sistema subjectivo dos esquemas, 59
Sobredotação, 42, 132, 135, 149

Structure-of-Intellect Learning Abilities Tests, 26
Structure-of-intelligence, 25
Subteoria contextual, 143, 147- 149
Subteoria experiencial, 143, 145, 146, 148, 149
Subteoria componencial, 143, 144, 148, 149
Successful intelligence, 149

T
Tempos de reacção, 8, 37, 38, 78, 93
Teoria da Resposta ao Item, 42
Teoria das inteligências múltiplas, 110, 124, 130-141, 152
Teoria dos operadores constructivos, 58--60, 75
Teoria sócio-histórico-cultural, 55
Teoria triárquica da inteligência, 110, 141--152
Teorias compósitas da inteligência, 12- 14
Teorias hierárquicas, 12, 21, 27-41

Tomografia Axial Computorizada (TAC), 79
Tomografia da Emissão de Positrões (PET), 80
Trait Emotional Intelligence Questionnaire, 118
Trait Meta-Mood Scale, 113
Treino cognitivo, 106, 107, 146, 153, 155

V
Velocidade de decisão correcta (cds), 30
Velocidade de processamento (gt), 34, 37
Velocidade de realização (gs), 29, 30, 34, 37, 40
Velocidade mental, 20

W
Woodcock-Johnson III, 41, 92

Z
Zona de desenvolvimento próximo, 56, 57

ÍNDICE

Introdução 5

CAPÍTULO 1
ABORDAGEM PSICOMÉTRICA

Introdução... 11
Teorias compósitas 12
    O conceito de Quociente de Inteligência (QI) 14
Teorias factoriais 17
    Teoria do Factor g 19
    Teoria das aptidões 21
        Estrutura da inteligência para Guilford.. 25
Teorias hierárquicas... 27
    Modelo hierárquico de Vernon 27
    Inteligência fluida e inteligência cristalizada de Cattell 28
Considerações finais... 40

CAPÍTULO 2
ABORDAGEM DESENVOLVIMENTISTA

Introdução... 43
Perspectiva de Piaget.. 44
Perspectiva de Vygotsky... 55
Perspectivas Neopiagetianas 58
    Teoria dos Operadores Constructivos de Pascual-Leone 58
    O Modelo Estrutural-Processual de Case 64
    Corrente sócio-cognitiva do desenvolvimento cognitivo 66
    Outras explicações para o processo de desenvolvimento 68
    Defensores de um 5º estádio pós-formal 71
Considerações finais... 73

CAPÍTULO 3
ABORDAGEM COGNITIVISTA

Introdução	77
Correlatos fisiológicos da inteligência	78
Correlatos cognitivos da inteligência	85
Componentes cognitivos da inteligência	94
Estilos Cognitivos	99
Considerações finais	106

CAPÍTULO 4
TEORIAS ABRANGENTES

Introdução	109
Inteligência emocional	110
Modelo das Habilidades Cognitivas da Inteligência Emocional	111
Modelos mistos ou de traços	114
Inteligência social	121
Evolução histórica do conceito	122
Análise operacional e dimensional	124
Inteligência Social: Uma perspectiva integrativa	127
Teoria das Inteligências Múltiplas	130
Teoria Triárquica da Inteligência	141
Considerações finais	151
Conclusão	155
Referências	161
Índice Temático	187